青春私语

成成◎编著

群言出版社
QUNYAN PRESS
·北京·

图书在版编目（CIP）数据

青春私语 / 成成编著 . -- 北京 ： 群言出版社，
2017.9

ISBN 978-7-5193-0375-4

Ⅰ. ①青… Ⅱ. ①成… Ⅲ. ①青少年教育 Ⅳ.
①G775

中国版本图书馆 CIP 数据核字（2017）第 300209 号

责任编辑：王　聪
封面设计：逸品书装设计

出版发行：群言出版社
地　　址：北京市东城区东厂胡同北巷 1 号（100006）
网　　址：www.qypublish.com（官网书城）
电子信箱：qunyancbs@126.com
联系电话：010-65267783　65263836
经　　销：全国新华书店

印　　刷：北京柏力行彩印有限公司
版　　次：2018 年 1 月第 1 版　2018 年 1 月第 1 次印刷
开　　本：710mm × 1000mm　1/16
印　　张：13.75
字　　数：211 千字
书　　号：ISBN 978-7-5193-0375-4
定　　价：39.80 元

目录

性的困惑

意的和谐

知的边界

序言

青春，是个短暂而华丽的季节

孙志毅

成成（周承英）老师这本与清纯的对话、与青春的对话、与处于青春期的大孩子的对话集——《青春私语》终于要付梓印刷了，嘱我写个序言。这个要求的提出大约是一年前的事了。而我却迟迟不能下笔，事务繁忙固然是个冠冕堂皇的理由，但深层次的原因却是：我们这一代人的青春是怎么度过的？四十多年前，乃至更久远的人们是否有过坦荡的青春呢？我们这一代人的青春虽无战乱，却遭遇坎坷；虽有饥馑，但比物质饥馑更严重的是精神食粮的匮乏。一代人几乎没有体会到青春的美好和光鲜，青春就舍我们而去了。

基于此，我常常反问：我能读懂青春吗？我能准确地体悟出成成老师这个私密性对话的意义吗？关注人的青春，前人的著述已经汗牛充栋，成成老师的对话超越性、新颖性、可操作性又在哪里？

一位署名为“一树繁花”的大孩子曾这样提醒她：“我是高中生了，请不要给我讲幼稚的东西，好吗？”这样的认知，常常会使人欲言又止的。作者面对的是这样一代大孩子：社会的开放度是史无前例的，信息的传播渠道是立体多维度的，理念是多元包容的。训话固然不成，即使是“对话”，也需要高度、温度、信度、开悟度（这是我生造的一个词语）。对话着的双方，年龄可以有差别，闻道可以有先后，术业可以有专攻，但平等、尊重、设身处地，却是必需的。然而，仅有这些还是不成——他们拒绝肤浅的说教，他们反感你讲众所周知的大道理，他们讨厌站着说话不腰疼，他们……

青春，是个短暂而华丽的季节；青春，同时也是一段慌乱、躁动、迷茫、苦闷、自卑的时光，当青春像春雨一样润物无声来临的时候，既是私密的，又多想从外界获得足量的信息，多想有一个过来人躬下身来与他们说说青春的理、青春的性、青春的情、青春的知。

青春绝对是“天地之化育”。南怀瑾先生曾转述孔子的话说：人生的目的，人生的价值是什么？是在“参赞天地之化育”。“参赞”就是弥补的意思，弥补天地化育之不足。如天要刮风下雨，人类发明房屋把风雨挡住，可知人生的功能是参赞天地之化育。

成成老师这本书的内容是她十多年对同一个主题的心血积累，她的《青春私语》想起到的作用大半也是“弥补天地化育之不足”，即弥补一闪而过、躁动不安的青春的不足。上帝给了孩子们青春，却没有告诉他们青春的秘籍、青春的真谛、青春的幸与不幸。正如成成老师在书中所说：“在爱情（其实何止爱情，整个青春期都是如此）中，不仅仅有我一个人和他交往，而是有一个是生物性的本我，一个社会性的自我，一个正在长大的、协调本我和超我冲突的自我。”

于是，她试图以缜密的理工科思维、鲜活生动的文学语言，甚至站在哲学、生物学、心理学的高度诠释青春的秘密，梳理青春的脉络，破解青春的羁绊，因而，容易引起青春期孩子们的共鸣。能做到这一点，这十几万文字就有了存在的价值。能否破解一切青春难题固不敢妄言，但像一位大姐姐一样为一群大孩子的青春提个醒，建个议，疏解一下烦恼和纠结是毋庸置疑的。

2017 年 6 月

爱的箴言

当爱已成为心事

成成：

我认为你们大人虚伪至极，尤其拿孩子不当人看。

我是初二的学生，按大人的说法，我早恋了。可我觉得叫早恋就不对——既然懂得了恋，那么就不该说“早”，如果说为时尚早我们就懂得了，那只能说明社会教育提前到位了。

我追她追得很猛烈，为此我挨了双方家长的耳光，但我不后悔。这个过程释放我所有浪漫的想象，我体会到了征服者的气概。

比起社会上的爱情，我们的感情纯洁得很，比起婚姻，我们自由得很。社会变化那么快，我们不求天长地久，只求曾经拥有。

你会怎样评说我的感情？也是老一套吧？

包头　巴图

巴图小伙子：

在接到你的信后我就“纠缠”上了关于早恋的思绪，这期间我奢侈了一把，去了一个澄净柔和的水果吧，我青春岁月里耳熟能详的流行歌曲在空中缓缓流泻，如情感的河床，带我回到从前。在努力要拼却一醉的青春岁月里，我也像把自己的心抓在手里那样，期待过，兴奋过，刻骨铭心过，为恋情、恋人。但今天都忆不起曾经的他（或他们）的样子。即便是高中时隐隐约约经历的“爱情”，到35岁以后，再见他时，仿佛看见的是从青春岁月中走出的淡淡的背影，而绝无轰然的狂喜。时间、历程、变化、生命，是多么令人感慨啊！此刻，我的面前坐了一个脸嫩得都能掐出水的女孩，16 岁。她在电话里约我见面，从陌生到走进心底的过程，就在这场谈话中完成。她是我同学的女儿，现在上下学家长及亲友专门接送，以免被“爱情”打扰和“劫道”。

她讲的是一个令她日渐消瘦的故事。一个同班的男孩爱上了她。或者说就是喜欢，因为他也实在太年轻，在这个年龄爱上一个女孩再自然不过，比爱上数学、物理和练习题还要容易。她内向，而他外向，新年晚会就唱：好喜欢看你明亮的眼眸，一片蔚蓝晴空，四季还有夏和冬，谁说只能做朋友？一首老歌。他追她躲，直至成为一场阻击，他们的学校、家长都出面了，男孩无数次被骂不要脸。但似乎受伤的心更容易迸发异乎寻常的力量，爱情的绝望导致反叛的锋芒彻底爆发，男孩连基本的校规、作息都不顾，他的目标只有一个——她。

她的心负担很重，她逃避、转班、请假，她在哭泣。

她最怕的就是他粗暴的勇敢，直露的表白，时时处处的狙击。

他有爱的自由，同样她也有拒绝的自由，有享受不受打扰宁静学习的权利。

我想起车尔尼雪夫斯基的话：爱情的意义在于帮助对方提高，同时也提高自己；唯有那因为爱恋而变得思想明澈、双手矫健的人，才算爱着。

连马克思也说过：真正的爱情表现在恋人对他的偶像采取含蓄、谦恭，甚至羞涩的态度，而绝不是表现在随意流露的热情和过早的亲昵。

是的，从内心的觉醒、生理的发育来讲，道法自然。当你感觉到两性的吸引，那么“恋”就是自然的事情，早不早无可详说。但，关键是你将采取什么样的方式判断和表达内心的洪流，你又以什么把握和理由介入对方的内心，并影响他或她将来的生活和情感。

未成熟的果实是不能采摘的，同样，未成熟的人不宜步入情场。一般而言，相爱的男女，都渴望自己的爱情美满。要获得美满的爱情，应具备以下心理条件：

其一，不过分痴情，不咄咄逼人，不公开表现自己的爱情占有欲，能充分尊重对方。美满的爱情，要求人把爱情只当作生活的一部分，而非全部，在开拓与领略自己人生的同时，重视对方，不干涉对方的活动，但又不是漠不关心。要为双方的个人自由留有充分余地。

其二，将爱情给予对方，比向对方索取爱情时，自己更感欢欣，并以对方的幸福为满足，即要有无私精神。

其三，美满的爱情是彼此双方独立个性的结合，即恋爱双方不作为对方的依附而存在，而是让双方都有发展自己个性的余地。

其四，寻找和珍惜双方心理上的共鸣。美满的爱情在于精神上的和谐、心灵上的沟通。

假如爱情很泛滥，那么友情或许更加让人依赖和信任。

假如爱情太局限，那么世界很大很大，而感情的领域很小很小……

其实友情的内涵、爱情的外延有很大很大的交集，在那里，你可以用岁月磨砺而来的聪慧，慢慢观察对方的激情、气质和能力，有意地开拓和展示彼此双方美好的一切。爱是点点滴滴、入情入理的关切，是与美、善携手并进的，并贯彻一切自由、民主的价值观。

歌德在《浮士德》中说：你真美呀，你能停留一会儿吗？

在那样无数美好的瞬间，我也想对你说：

假如你能少安毋躁，不兴“提速”，含蓄些，内敛些，深沉些，长远些……

并特别推荐你看台湾作家张晓风的《爱我少一点，我请求你》。

爱我少一点，我请求你。

有一个秘密，不知道该不该告诉你，其实，我爱的并不是你，当我答应你的时候，我真正的意思是：我愿意和你在一起，一起去爱这个世界，一起去爱人世，并且一起去承受生命之杯。

所以，如果在春日的晴空下你肯痴痴地看一株粉色的“寒绯樱”，你已经给了我最美丽的示爱。如果你虔诚地站在池畔看三月雀榕树上的叶苞如何——骄傲专注地等待某一定时定刻的爆放，我已一世感激不尽。你或许不知道，事实上那棵树就是我啊！在春日里急于释放绿叶的我啊！至于我自己，爱我少一点吧！我请求你。

爱我少一点，因为爱使人痴狂，使人颠倒，使人牵挂，我不忍折磨你。如果你一定要爱我，且爱我如清风来水面，不黏不滞。爱我如黄鸟渡青枝，让飞翔的仍去飞翔，扎根的仍去扎根，让两者在一刹的相逢中自成千古。

爱我少一点，因为“我”并不只住在这一百六十厘米的身高中，并不只容纳于这方趾圆颅内。请在书页中去翻我，那里有缔造我骨血的元素，请到闹市的喧哗纷杂中去寻我，那里有我的哀恸与关怀；并且尝试到送殡的行列里去听我，其间有我的迷惑与哭泣；或者到风最尖啸的山谷，浪最险恶的悬崖，落日最凄艳的草原上去探我，因为那些也正是我的悲怆和叹息。我不只在我这里，我在风我在海我在陆地我在星空，你必须少爱我一点，才能去爱那藏在大化中的我。等我一旦烟消云散，你才不致猝然失去我，那时，你仍能在蝉的初吟、月的新圆中找到我。

爱我少一点，去爱一首歌好吗？因为那旋律是我；去爱一幅画，因为那流溢的色彩是我；去爱一方印章，我深信那老拙的刻痕是我；去品尝一坛佳酿，因为坛底的醉意是我；去珍惜一幅编织，那其间的纠结是我；去欣赏舞蹈和书法吧——不管舞者把自己挥洒成行草篆隶，或是寸管把自己飞舞成腾跃旋挫，那其间的狂喜和收敛都是我。

爱我少一点，我请求你，因为你必须留一点柔情去爱你自己。因你爱我，你便不再是你自己，你已是我的一部分，所以，把爱我的爱也分回去爱惜你自己吧！

听我最柔和的请求，爱我少一点，因为春天总是太短太促太来不及，因为有太多的事等着在这一生去完成去偿还，因此，请提防自己，不要爱我太多，我请求你。

那时我们初相遇

成成：

我们生活在一个没有诗意的年代。所以海德格尔那句话人们用得滥了：人，应该诗意地栖居在大地上。初恋是一件多么美好的事情，戴望舒《雨巷》中那个结着愁怨的温婉女子缓缓的步子，你是人间四月天里充沛的柔光和晴朗，席慕蓉笔下无怨的青春……可是，我们是否应该从心理学的角度更好地理解初恋呢？文学和诗意，有时让人误入浪漫想象的歧途而痛苦……

蓦然回首

蓦然回首：

一般认为，爱情是建立在生理发育的基础上的，男女双方在交往过程中产生的强烈而高尚的情感。它由两部分组成：一是建立在性欲之上，对异性具有倾慕、珍惜之情的情爱；另一是由异性间所产生的依恋及理想、情操、个性追求等复杂因素混合升华而成的情爱。爱情是性爱与情爱的结合。初恋无疑具有爱情的属性，但是偏向于单纯的倾慕、爱恋和欣赏，亦真亦幻，因此更加动人和难忘。

初恋是美妙而又珍贵的。然而来自奥地利的著名心理学家西格蒙德·弗洛伊德在其奠基之作《自卑与超越》中指出，人类是在意义的国度里生活，生活的意义在于对身边的人发生兴趣。个体作为社会的一分子，应该为人类的幸福谋求福祉。生活是一个富于创造性的过程，如果我们每一个人都能将合作方引入自己的生活，人类社会的进步将永无止境。就是说，初恋应该视为深度与社会合作的一个开端，或者说人生三大关系（人与自然、人与社会、人与异性）的一个重要起点。在《自卑与超越》这本书中，专门有一章是“青春期的引导”，他指出，在青春期，孩子们感到自己逼近了生活的前沿，这是一个人性格塑造的关键时期。因为有了更多的自由，所以面临成年挑战，逐渐远离童年宠爱，渴望赞赏与认同，融入社会。我以为这个大背景才是你所说的初恋的心理开始。因此，早恋更严格的说法应该是“青春期恋情”，这一个令人瞩目的阶段和情感经历，我们从中提取了什么、获得了怎样的启示，将真正主宰我们今后的命运，继而活出一个全新的自己。

青春期恋情一般经历以下几个发展时期：

一是迷醉期。被对方的形象、言行、品格、才能等外在与精神的魅力深深吸引而迷醉的阶段。有时会出现一种被对象所吸引得近乎幻觉性的思念情绪，对方的形象时时在脑海中萦绕，并产生综合效应。心灵战栗、恐慌、幻觉、羞涩、急盼等情绪重叠着占据身心，有一种难以捉摸的亲近欲与冲动，甚至陷入强烈而又无理智的恍惚中。因此穿越这条烦恼的河流，到达平和清澈的内心感受才是彼岸。

二是怀疑期。因为迷醉，拼命地在对方面前显示自我，同时产生怀疑：他（她）对我有意吗？看得起我吗？过敏性思维，自寻烦恼。因此情绪繁复，难以集中精力。

三是非我期。当终于知道对方也在爱着自己的时候，就进入了“非我”期。不像平时的“我”了，故称“非我”。这阶段时间虽短，但很重要，在此可判断出爱的深度与强烈性。

四是美化期。这时，恋者在心里总是把对方融为一体，一举一动首先会想到：“她（他）会喜欢吗？”以对方的苦为苦、乐为乐。对恋人的一切进行感情升华的审美效应，产生美化感：会不同程度地把对方理想化，恋人常常依照对方的价值尺度来改造自己、提高自己、塑造自己。

这是难得的近距离心灵感应、互相塑造，因此，多么希望那是一种智力、意志、情感各方面的交相辉映，超越升华！

美国心理学家斯腾伯格提出的著名的爱情三角理论（Triangular theory of love）是目前最重要且令人熟知的理论。一般认为爱情包括三种成分：亲密（Intimacy）、激情（Passion）、承诺（Commitment）。所谓的亲密是指与伴侣间心灵相近、互相契合、互相归属的感觉，属于爱情的情感成分；激情是指强烈地渴望与伴侣结合，促使关系产生浪漫和外在吸引力的动机，也就是与性相关的动机驱力，属于爱情的动机成分；而承诺则包括短期和长期两个部分，短期的部分是指个体“决定”去爱一个人，长期的部分是指对两人之间亲密关系所做的持久性承诺，属于爱情的认知成分。随着认识的时间增加及相处方式的改变，上述的三种成分将有所改变，爱情的三角形会因其中所组成元素的增减，其形状与大小也会跟着改变。三角形的面积代表爱情的质与量，面积愈大，据学者斯腾伯格的说法：三角形越大，爱情就越丰富。他进一步提出，在三种成分下有八种不同的爱情关系组合。

1. 喜欢：只包括亲密部分。

2. 迷恋：只存在激情成分。

3. 空爱：只有承诺的成分。

4. 浪漫之爱：结合了亲密与激情。

5. 友谊之爱：包括亲密和承诺。

6. 愚爱：激情加上承诺。

7. 无爱：三种成分俱无。

8. 完整的爱：三种成分集于一个关系当中。

一般而言，一个人的人性越丰富和高贵，那么他的爱情也会包含更多的内涵，比如更有力量的保护、促进和升华，因此，"大人们"常常希望自己的孩子是在攀登高山时彼此相遇的，那是希冀起点更高；很多妈妈说听到自己的女儿是在著名大学的图书馆高层遇见男孩，就觉得学霸、理工王子的充分条件多一些。是的，你也许会觉得世俗，但是，在流汗的运动场、在凝神的图书馆、在攀登的高山、在博学浩瀚的大学，这里初相遇似乎包含着作为人类的某些神性、更高的人性和优美，因而更加美丽和动人！

以上种种，可以是初相遇的理性思考和心理准备吗？文学和诗意，让初相遇更加充满期待和美好！

爱的价值在于完善自我

成成：

我对着青春凝神，我垫着一堆书本托着腮打量向我走来的一脸微笑的男孩，不由得遐想爱情。爱情有心灵感应吗？一见钟情靠谱儿吗？是性格互补吗？比如我的父母似乎男女角色换位地生活着，却也和谐。有人说婚姻是命中注定的，心理学说爱情是完整自我的寻找，找到自己丢失的另一半，有点挣扎有点玄幻哦。我看到一位作家的微博上说，当前中国人的精神境况是严峻的：情感冷漠、婚姻破裂、心灵的荒芜和信仰的缺乏，再加上物质主义的强大逼迫，稍微缺少警惕的人便很快被抽空了灵魂。尤其典型的是：爱情在与物质主义的现代战役中节节败退，它那超越性的光芒已被逐渐蚀尽，而在很大范围内成了物欲的奴仆！这种可悲现实的不断强化，使得美好的人性无法自我生长，使得纯洁的爱情被转换成了欲望的通道！

青春期要穿越爱的情感吧，在当下，它的价值究竟是什么？

午后的收音机

午后的收音机：

据说，一个人朝另一个人由衷地微笑，需要调动多块面部肌肉；一个人鼓足勇气，对另一个人轻轻说声“我爱你”，至少要消耗三个苹果所能提供的全部热量；而当一个人遇见另一个人并决意与之白头偕老的话，则需要花费二十年左右的时间来等待，还得用掉六七十年的岁月，才会最后完成。在这个偌大的世界上，一个人与另一个人相遇的可能性，大约是千万分之一，成为朋友的可能性，是两亿分之一，而成为终身伴侣的可能性，则只有五十亿分之一。从这个数据上来说，爱情仍然是值得珍惜的，是值得好好寻找和珍藏的，包括向你微笑走来的男孩，不是吗？可以说，几乎所有美好事物的诞生，归根结底都源自人类的爱或爱的能力。也许日常生活对爱情经常是一种摧毁，但对人性却是一种成全。因为在真正的爱情中，总是能够促进人性的成熟。诗人纪伯伦说得好：

“爱虽给你们加冕冠，
也将你们钉在十字架上。
它虽栽培了你们，
也将修剪你们。”

人的潜意识在爱情的寻找中起着重要作用。从童年起，我们就开始认识和接触异性，对异性产生好感，并把引起好感的某些异性形象潜藏在潜意识里，形成偶像意识。它往往飘忽不定，只可意会而不可言传。正是潜意识里潜藏着各种因素糅合而成的异性偶像，使你在茫茫人海中会选择他（或她），而不是别人，当遇到某一异性，你会马上被他（她）吸引住，并产生异性相吸的“磁场”，这是经过岁月磨砺之后的互相辨识、承认、接纳和欣赏。因为对方的某一形象突然唤醒你潜意识中的偶像，于是就有一见钟情，甚至有似曾相识之感。爱情心理学研究发现，对方的外在形象、内涵价值、社会条件，以及自身的需要、兴趣、理想、性格、修养等影响着对象的选择。

在两性交往中，个体的外表形象是引起异性好感并产生爱的首要因素。因为外表形象最易被人感知，外表形象合乎要求的异性，不仅会使人体验到生理上的快感，而且让人享受到精神上的愉悦。所以我们总是看到现在的人们实在是太注重外表了，比如今天关于颜值这个词，那是容貌的数字化表达吧？

一个人从小成长的背景，常会深深地影响他日后被什么样的人吸引，以及日后亲密关系的建立与维护。不管曾经受过多少心灵之伤，当爱情来临时，就是最好的医治和疗伤机会。从深度心理学的角度来看，天下最好的治疗者是自己的“爱人”。但是，因为信任、不设防，所以在爱情中也是伤上加伤最危险的时候。当人的感情被深度触动时，就进入了一个非理性的潜意识过程；爱情关系其实很像母亲与婴孩的关系，彼此恋慕、含情对视，都想把最好的献给对方，不在一起时会焦虑、不安，仿佛“一日不见，如隔三秋”。

心理学家告诉人们，唯有在恋爱中，人的两个基本心理需求可以同时得到满足：一是无条件被人接纳，二是在所爱的人心中居首位。特别是心理越空虚或越不成熟的人，越容易依赖对方来支撑自身脆弱的自我价值感——不知不觉地，期望对方能随时随地无条件接纳你，随时随地把你摆在第一位；心理越没有安全感的人，日后对伴侣的要求越是加倍；过去受的伤，要从现在爱的关系中加倍讨回。例如过去在家中被忽视的，现在会不知不觉地要求伴侣不断给你注意力；过去被管得太厉害的，现在会要求伴侣信任你、给你空间。彼此互许终身之后，你会觉得：为什么我所要的，你却不给我？在爱情中的人，心理上往往退化回到婴孩时期——我有什么需要，不用开口，爸妈就应该知道，而得到照顾最好的办法就是哭闹，但在成人的世界中用“哭闹”处罚对方，强求他来满足你的心理需求的方式，是行不通的。深度心理学中有几个重要的概念，可以帮助我们审视“剪不断，理还乱”的情感关系，找出一些头绪，让我们在分析处理问题时，掌握比较正确和理性的方向。

造成男女间强烈吸引的原因之一，是“完整之我”的追寻。而爱的最大价值，就是双方都成为最好的自己、完整的自己，而且助力对方也更加有力量和完美。这里，爱的激励成为最强大的力量，即所谓寻找自己的另一半，它不仅指生活上的伴侣，还包括精神人格的完整化。

按照心理学大师杨格的理论，每个人都身具“显性”与“隐性”（或称“影子”）人格。换言之，每人除了表现外在众人所见之“显性人格”外，还有个正好相反、潜藏心底的“影子人格”。例如，“分析型”者的影子人格是“感觉型”。通常，“分析型”者着重逻辑思考与客观评断，但是当他在强调与表现“理性”时，便不知不觉地把自己细腻多情“感性”部分的人格，压抑到潜意识深处，变成隐性的“影子人格”。

“显性人格”的形成与先天因素有极大的关系，但也受到后天因素的影响。例如，男性成长过程中，多被要求“喜怒不形于色”“好汉打落牙和血吞”，他人格中多情易感的部分便被深深压抑到潜意识中变成“影子人格”。当先天人格成分中“阳刚”“分析”特性较强的男孩去念理工，毕业后又在要求一丝不苟、毫无变通的环境中工作；而身具“阴柔”“感性”特质的女孩去念人文，学成后又在文艺界工作，此时男女先天加上后天的差异就变得更大了。

上天是最有幽默感的，就像他在自然界中创造磁铁“异性相吸”的现象，研究人间爱情关系时，我们也常见“急惊风”与“慢郎中”，“外向”者与“内向”者，“活泼的”与“稳重的”，“分析型”与“感性型”之间，彼此强烈相吸的现象。比如你说父母的男女人格换位，这可能也是一种内在吸引力的产生条件，即两个人心理能量的互相补充。

当一个人遇见一位身具自己“影子人格”的异性时，心中常会有欢喜雀跃的感觉，因为对方彰显出自己所缺乏（或已被潜抑、消逝了）的人格特质。例如，当“分析型”的男性与“感性型”的女性相遇时，彼此常会充满新鲜欢愉。她丰盈流畅的情意，往往会挑动他长久压抑心底感性部分的人格。与她在一起时，他那被深埋阴暗地窖的“影子人格”开始见到阳光，感受到一股从外注入、活泼新鲜的生命力，使他深受吸引，觉得自己好似脱胎换骨一般，受桎梏的心灵，顿时得以自由释放。这个异性相吸，彼此各得一线生命契机，使自己尘封枯萎的“影子人格”重见天日，得到露水滋润，与自己“显性人格”整合，发展出一个较完全、较成熟人格之过程，被称为“完整之我”的追寻。这是典型的“男女搭配，干活不累”，实际上却是展现了完整人格被唤醒的活力和意义。

你看，午后的收音机，关于爱，关于那个渐臻完整和完善的历练，是不是还是要充满美好的期待？

爱情的本质是什么？

成成：

我是男孩，渴望独立。一个人的独立是不是就从他体验爱情开始？爱情在经典名著中是一个多么高贵的字眼，但往往又是与死亡或者分离相伴随，现在爱情在我看来像个虚无中的寄托，像个模拟游戏，充满偶然性。爱情，还是那么神圣吗？它的本质是什么呢？

我是高中生了，请不要给我讲幼稚的东西，好吗？

一树繁花

一树繁花：

在心理学意义上讲，爱情基于自身的需要。那么什么是需要？假如你自小缺乏安全感，你可能从一个厚道可靠的人那里，感受到爱情；假如你生活内容贫乏，那么你可能会迷恋一个异常活泼、生活丰富的女孩。你的情结越多，你对他人的依恋和需要就越多，你受到“爱情”控制的可能性就越大，你就越在爱情中感到不自由，感到轻易被伤害、无把握和痛苦。所以很多人说爱情的本质是性欲和某种需要的结合体。一旦青春期到了，大家就哭着喊着爱情啦，实在是：内在需要加荷尔蒙的出现。说得直白点是：用爱情来满足非爱情的需要，灵魂需要交流，需要彼此爱抚。这种交流和爱抚超出了一般性的意义，我们滋养对方的需要和满足自身需要变得一样重要。

我们在探索对方的过程中探索我们自身，包括身体的和心灵的，即找到你自己。爱情的目的，是成为一条道路。我们通过这条道路，寻找自己。理性的男人寻找特别感性的女人，然后又抱怨她，比如太不理性。他不知道那个感性的女人是他内在的一部分，他是在寻找他的阿尼玛（心理学家荣格提出的两种重要原型，阿尼玛原型为男性心中的女性意象），同时又排斥她。当他不再排斥他内在的女性部分时，他也将不再排斥他的对象本身。因此我以为，爱情永远不会粗鄙化，只是爱情的道路和我们自身的完美一样循序渐进并没有终点。

在一次次爱的冲动中，我们经过反省，意识到自己有缺失感，但实际圆满自足的那部分：

> 爱，变得不再与依靠、强求、占有有关，
> 爱，只与彼此灵魂的探索有关。

人们在爱的探索中，彼此依恋；在依恋中，保持着独立和圆满自足。暂离对方，不会产生焦虑；失去对方，并不会失落自己；这涉及爱这种情感的起源和发展的过程。一般来说，爱这种情感发展的顺序依次是，自恋——亲爱——爱情——博爱。

婴儿的自恋是生命本能的一种形式，和动物的自我保护本能无太多区别。在自恋的阶段，婴儿是极度自我中心，在他（她）的眼中，自我、世界、母亲之间完全是融合为一体的，彼此没有界限。他爱护自己，对自己的任何微小变化立即做出反应，他爱母亲，是由于把母亲当作了自己的一部分。成年人假如出现这种爱的话，是惊天地泣鬼神的，当然，也是极为疯狂的，即便不是精神科医生的人也看得出这一点。随着父母的爱对孩子的灌注，孩子逐渐学会摆脱自恋这种被动的爱，学会了主动爱别人。根据心理治疗家沙利文的研究，孩子学会爱父母，那他学会也给父母点什么东西，一幅画、一张成绩通知单等等，而且把对父母的爱扩展到兄弟姐妹、亲戚朋友。在这时候孩子的爱还有很多自我中心和利己的成分。假如一个人的爱停留在这一阶段，他不可避免会成为一个利己的人。假如他用这种爱去爱他的恋人的话，那么这种爱就很危险，由于他会要求对方像父母一

样对自己无私地付出，照顾自己生活的一切，而那些有限的付出会被他牢牢铭记，这样的人难免会发出“相爱容易相处难”的感慨，因为没有任何恋人可以“克隆”父母的爱的。这种把对父母的爱、期待、幻想完全转移到恋人那里的现象叫作“移情”。在爱情的初期，移情现象是难免的，而且是必要的，但这往往停留在了亲爱的阶段。假如爱情中只有移情，就会造成灾难性的结果——在所谓的“爱情”中双方都感到自己越来越依靠对方，越来越害怕失去对方，他们都把对方和自己看作是满足欲望的工具，而不是同等的、自由的个体，要么要求对方丧失自我，要么自己丧失自我，爱情中布满了恐惧、害怕、愤怒、妒忌，爱情不但没有促进自己的长大，反而成了发展的泥潭。

所以，青春期后期面临的心理发展的任务是要学习如何把移情转变为爱情，也就是把幼稚的爱转变为成熟的爱。在这个过程中，要学会让父母以外的人走进自己的内心，也学会如何走进对方的内心；要学会成为对自己、对别人负责任的人；学会诚信；学会照顾自己和别人；学会倾听对方；学会理解和信任；学会为对方牺牲自己。而这些（尊重、诚信、理解、负责、利他、忠诚）都是日后融进社会必备的素质和技巧。爱情是一个人融进社会必需的情感磨炼，是必不可少的。所以，爱情关系必然是社会关系所包含、关联的一部分，因此，当你看待一个人时，不能光看他（她）对你如何，也要观察他（她）对这周遭的世界如何，你终究会是他（她）对待世界的一个表现和缩影。而所谓移情作用，就是把对过去生命中一些重要人物的情感转移到目前所遇到的人，或者，曾想从一些重要人物身上获得却未能如愿的情感需求，希望从目前的关系中得到满足。

很多人因为从小在某一方面心理上的匮乏，一旦得到相关的满足，不管人、时、地是否合宜，就掉进爱的陷阱了。例如有这样的女子，从小在家中常被忽视，尤其感到从未被父亲重视；她从小自尊心低落，觉得自己是个丑小鸭。这种情感缺失很容易让她爱上有慈父形象的长者。许多外遇的悲剧就是这样发生的，比如对老师、长者、领导的忘年恋，因而，似乎每个人都情有可原，并非十恶不赦，只是如你如我一样充满了人性的软弱。

人，经过爱情的洗礼，才能继续把对一个人的这种深沉的爱扩展到整个社会，才能热爱和尊重生命。这时候，最高的一种爱的形式出现，那就是“博爱”。在博爱的状态下，信仰、事业、情感、道德、娱乐既能保持自己的独特性，又能够完美地融合为一体。这样的爱情，一般是经由强烈的异性感情，将爱的光辉所辉映的温暖和纯粹，投射到更广大的人群，由小我至大我，由个人甚至到全人类，如歌德在《浮士德》中所言。所以爱情是情感发展的一个分界点，它把孩子和成人分别开。同时，它也是人际能力发展的一个跳板，经过爱情的磨炼，我们的人际关系能力得到了提升，我们能够从摆脱孩子那种在人际关系中任性和依靠，从而能够磨炼出一个独立的自我，再通过这个独立的自我和别人进行平等、自由、互利的交往。

爱情中碰到的第一个人际关系是长大的孩子如何摆脱对父母的依靠。生物性的我在心理分析中称为本我，社会性的我称为超我。超我往往是父母和老师等权威的道德、价值体系在我们内心的“倒影”。本我和超我处于不断的矛盾和冲突之中，通过协调好他们的关系，我们才能形成一个“功能强大”的自我。良好的自我的功能体现在性和爱的关系上，就是通过爱情，我们能够保证自己的性欲以道德的方式得到转移和满足。

爱情不仅仅是一个可有可无的事情，不仅仅是一种技术，更是一种能力，一种掌控自我的能力，一种与人进行健康人际交往的条件。爱情是人际关系的总和和萌芽，最复杂的人际关系都在爱情中有反映。在爱情中，不仅仅有我一个人和他（她）交往，而是有一个是生物性的本我，一个社会性的自我，一个正在长大的、协调本我和超我冲突的自我。一个童年的、过往的自我，一个未来的、成熟的自我，一个现在的、矛盾的我，和他（她）交往，而他（她）也带着这么多个他（她）。除了这些关系以外，还有我的和他（她）的父母、老师、同学、爱情竞争者也会直接、间接地进入爱情关系中，要处理好这么多人的关系实在不是简单的事情。这也是为什么初恋容易失败的原因。

这样打量爱情，你会善待那个走进你心灵、你的世界的那个女孩，她代表着第二性的世界，代表你周遭的世界，回应你的童年及心路历程，调整你与世界的关系格局。所以，如果她代表着高贵、单纯、善良和丰富，那么，你的世界将充满阳光。因此，歌德的名言响彻世界：永恒之女性，引导我们上升！

关于爱的爱智慧

成成：

我读大学的表姐开始迷恋哲学，她时常拿里面的一些大道理吓唬我的小感情。那些话，一句顶一万句的样子。从表姐那里，我知道了叔本华、弗洛伊德、康德，还有周国平等。特别是关于爱的哲学我很想了解一些，我们日常的卿卿我我太平庸了，不是吗？

爱智慧

爱智慧：

你肯定已经知道哲学的原意就是爱智慧，而且你已经体会到了哲学的美妙——一句顶一万句的凝练和分量。还有美学，还有社会学，我多么希望你们的课业负担轻一些，少做一些考卷，而是多多阅读。包括你们现在的年龄，去探访爱的哲理，去学会审美，去运动出汗，学会坚韧，适应规则。正像王蒙的《青春万岁》中写的那样：这浩大的世界，样样让我们好惊奇……世界扩大了，模仿的爱，局限于一人一事的爱，就会扩展为大爱，小我就会扩展为大我，一个人的风度、气质、见识、气量就慢慢改变了，心灵的改变，灵性的获得，这才是教育的核心价值啊，不是吗？

在爱的哲学方面，我最喜欢的两本书是埃·弗洛姆《爱的艺术》和今道友信《关于爱》。

对于你的年龄首先应该送出的可能是鲁迅先生的那句话吧！

大先生（我一直非常崇敬他，从未动摇）鲁迅深深告诫说：不要只为了爱——盲目的爱——而将别的人生意义全盘疏忽了，人生的第一要义便是生活，人必须活着，爱才有所附丽。

你看过《新结婚时代》这部电视剧吗？里面有一句话说：你嫁给了一个人，就嫁给了他全部的社会关系。所以从那年，无论是网络还是荧屏开始重新讨论关于“门当户对”的问题，事实上，这是时代变迁后，特别是我国当下城乡二元结构下的旧话重提——而在《爱的艺术》中就有原话：人的根本属性是各种社会关系的总和。——深刻吧？哲学的一句话可以穿越好几个世纪，是不是有让我们站在巨人肩上眺望的样子哦！

任何爱必备的共同素质是：尊重、关心、理解、谦和、勇气、真诚、自制和责任感。

爱的首要条件是只有在给予别人的过程中才能获得，爱的另一个条件是文明修养的程度。

真正的爱是爱的能力的一种表现，它不单纯是被人喜欢意义上的情感，而是一种为被爱者成长和幸福所做的积极奋斗。

看到这里，你会不会想到曾经大讨论的一段“宣言”：宁可在宝马车里哭泣，也不在自行车上欢笑。应该说，爱的物质至上在当下登峰造极，但是以追求物质享乐为目标的爱太功利了吧？哲学就是这样有前瞻性的。

爱的成功主要在于克服自恋。多数人把爱当成了被爱的问题。爱要求谦恭、客观和理智；获得客观和理智的能力是通向爱的艺术道路的一个重要条件。信任和诚意是爱的关系中不可缺少的品质，而丰富的个性是使爱延续的动因之一。因为人是唯一会腻烦和不满的动物。

人在成长中如果失去了乐园和大自然的和谐，他就成了永远的流浪者（像奥德赛、亚伯拉罕、浮士德），他不得不向前走去，以毕生不懈的努力在他的知识的空白处填入答案，从而知道未知的事物。“爱，正是对人类生存问题的唯一答案！”——多么使人拍案叫绝的答案，成成姐姐是在大学一年级的时候，在一张新年的贺卡上看到了这句话，我好崇拜写这张卡片的人，他必定是个思考者，也是一个智者，跟着这样的人走入人生，才不会迷途，才能更好地学习爱。

爱，还需要毕生的学习。

——大多数人所谓的可爱意味着适合大众的爱慕和富有性感的融合。

——“吸引力”通常意味着人格市场上受人爱慕和供不应求。

——在交易盛行的奉物质财富为首要价值的文明中，人类爱的关系遵循商品交换和劳动力市场的相同的规律，这是毫不奇怪的。

——人们对爱如饥似渴，但又认为几乎每一件事都比爱重要：成就、名望、金钱、权力——从而无暇学习爱的艺术。

——圆满的回答在于达到人际间的协调和我与另外一个人融为一体，在于爱。

——这种人与人融为一体的渴求，是人类最强有力的奋斗动力，它是最基本的激情，它是一种保存人类种族、家庭和社会的力量。

……

以上来自（德国）埃·弗洛姆《爱的艺术》（刘福堂译　安徽文艺出版社）

怎么样？服了吧？有位老人曾经说，当你时时为当下的事情意外时，说明你的历史和哲学懂得太少。包括我们目前在爱的方面遭遇的困境，事实上贤者早已指出了：商品经济无孔不入，交换的基础理念深入人心，表面上爱的泛滥，其实在深层次而言，爱越来越难才是事实，但是，人，从本性出发，就会以毕生不懈的努力在他的知识的空白处填入答案——像永远流浪的浮士德！

康德曾经说过：只要将人当人格来看，那么，人就绝不会是工具，而是目的本身。

——爱显示的是人格的光辉。

——爱向所有的时代挑战。爱一方面越来越难是事实，另外，它之能救助也是事实。

——人是一种没有爱就无法生存的存在，是一种即使受伤喘息而仍对世界的不完善奋勇挑战的力量。

多么果敢的人类，爱是多么崇高和必须！

——结婚是一个男人和一个女人每天、由其对称性别而成立的互补性的连续空间，是一种稳固存在的长期的修炼场。

——真的教育是将少年体内的某种东西引出来，借用柏拉图的语言就是精神的孕育。

——爱既在时间的流动中又指向超越时间的永恒，因为至高的德存在于观念的彼岸。

——爱是相爱者相互给予的机能！

——爱，当成为一个例子或标本的婚姻时，它仍然是一个修炼场，它要求合理的边界，要求个性的继续完善、人格的不断圆融和丰满，这是终生的学习。

——人是被抛出的存在，我们是作为盛满爱的容器被制造出来的。爱是自然流露的奉献。

——爱的喜悦和战栗——为什么喜悦？是因为找回了曾失去的根源一体感；为什么战栗？是因为恐惧会不会因一体化而失去自己建造的独自存在的个别性。

……

以上来自（日）今道友信《关于爱》（徐培，王洪波译　生活·读书·新知三联书店）

找到爱，是幸运。在惊喜和战栗之后，在重逢和辨认后，遵循最高和最自然的法则——完成人性，体现价值。

在我经历了如水的岁月淘洗之后，和你们分享这些爱的箴言，是这样的明净和喜悦——爱是生命的意义，爱是人类生存问题的唯一答案。

无条件的爱

成成姐姐：

我时常觉得，最亲密的父母有时候也是那样遥不可及。你今天心里痛死了，要趴着听会儿音乐，妈妈叫你起来考单词；一个来不及删的短信，会被父母叫过去审半天；例假来了心情不好，顶撞了妈妈，她哭了起来，历数种种艰辛，仿佛是孩子这个累赘拖欠了她的人生。关于我们无选择的出生，关于异性和性，我们一无所知，仿佛来到这个世界就是一个意外！周围很乱，有时，好想和这个世界好好谈谈。

依依

依依：

心理学家普列姆说过，孩子们对生活的最早认识就是从父母那里来的，父母和孩子谈的越多，孩子对生活也就了解得越多，将来遭受挫折时就不会那么失望。每一个研究过青少年行为和心理的人都不会否认，对现实的失望是孩子们堕落的一个主要原因。所以，无数教育者告诫父母："无论你的生活是烦恼，还是喜悦，无论你的生活是幸福还是失意，都应该毫无理由地热爱孩子，好好地热爱他们！"你所表达的情况，正是日常生活中爱的表达的错位和淡漠。心里痛死了，妈妈应该是倾谈的对象，这些心理上的痛点捋一捋，将学会把握烦恼的源头，认识自己的心理特征；听会儿音乐，可以和妈妈商量考完单词后作为奖励，一起听，美妙的音乐就会成为两个人好心情的出发点；例假来了，可以穿得宽松一点，请求妈妈"宽大处理"几天，一杯红糖水、一个小靠垫营造爱的氛围；孩子是天使，他的出现完整和丰盈了父母的人生，任何时候都不能视为累赘——这是一个底线。同时，你也必须理解，母亲即使哭诉种种艰难，也只是求得互相的支持，并非把你作为累赘。你应该有爱的回音和情的回报，这样的爱才能互相激励。

父母要鼓励少男少女正常交往，这是多少教育工作者的告诫。在青少年长大及社会化的过程中，同伴交往乃至与异性的交往都是不可缺少的一课。再好的父母和老师也不能代替伙伴的作用。所谓性教育的本质特征就是学会与异性交往，而并非那么狭隘。然而，中国青少年研究中心在城市独生子女人格调查中发现，64.9% 的中小学生父母“不愿意孩子有较亲密的异性朋友”；81.6% 的父母“要求孩子选择学习好的同学做朋友”；45.3% 的父母“为了学习，我要求孩子减少与朋友的交往”；49.3% 的父母“怕孩子学坏，所以我严格限制孩子交朋友”等等。毫无疑问，父母们这些干涉或限制的态度，是构成代沟冲突的重要因素。你可以请父母回忆一下，他们是怎么学会与异性相处的？是仅靠父母的说教，还是靠自己的体验？恐怕绝大多数人是实践出真知。因此，当家长剥夺了孩子体验的渠道，怎么让孩子学会交往呢？许多条件很好却难以恋爱结婚的中青年，究其原因，常常发现是青春期里被严格限制与异性交往的缘故。充满爱心的父母们怎能让悲剧重演？当然，鼓励不等于放纵。近朱者赤，近墨者黑，也是千古名言。对于少男少女的交往，要多一些鼓励，少一些训斥；要多一些理解，少一些怀疑；要多一些引导，少一些限制。即使出现一些问题，也不要大惊小怪。心理学家认为，孩子是在犯错误中长大的。父母给孩子最好的礼物是尊重与信任。

你所说的乱，我想是因为和父母的沟通受阻，使你失去了对于爱和家的信心。一个家庭最稳定的东西就是坚定不移的无条件的爱。爱天下父母，爱孩子。哪个父母不是与孩子关系最亲密的人？孩童时代过家家，孩子们不都在模仿父母的角色吗？这种对父母自觉不自觉的模仿，或许会持续一生。可是，许多父母亲热时背着孩子，却当着孩子的面吵架甚至打架，这是多么可怕的“楷模”表现呀！如今，夫妻离婚的多了。有些离婚者面对孩子痛说对方劣迹，犹如黄河长江，怨恨一泻千里。他们可能没有意识到，这样做是播种了仇恨，这样做会扭曲孩子的心灵，使孩子不能正确看待异性，将来会影响下一代的爱情与婚姻。

有责任心而又明智的父母，会从点点滴滴做起，表现出夫妻之间的互敬互爱互谅互助。开放一些的父母，当着孩子的面拥抱接吻，更是良好的性教育行为。美国一位女教授把自己生孩子的全过程请人拍录下来，作为将来送给孩子的礼物。可以想象，这将是深刻而可能影响孩子一生的礼物。

现实中，可能每一个父母都不能做到尽善尽美地去爱孩子，比如西方名言说：“爱没有目标、标准和蓝图，但是爱有目的。爱的目的不是改变我们所爱的人，而是为他们提供他们蓬勃发展所需的条件。”父母的角色在本质上是抚育，而不是塑造或者构建：父母是“园丁”，而不是“木匠”。但是现实中你会感觉父母的爱是功利的、有条件的，那可能是激励的方法不对，与孩子的沟通不够。

生活总是泥沙俱下，有时候我们大人们忙于琐屑的日常，居然把爱放在了最不起眼的地方。其实，父母与孩子，是最深刻的爱的载体，父母给予孩子的，永远是无条件的纯粹的爱，这个爱的路径只要相通，孩子的进取、激励和优秀就有了源头。

就以上这些，你可以和父母好好谈谈，这个不难；和这个浩大的世界谈谈，多么不容易！

爱是珍贵的

成成姐姐：

跟你说实话，我已经谈第二个男朋友了。第一个所谓的男朋友是那样死乞白赖追来的，就在我主持了年级的新年晚会后。可是相处不久，他就好像提不起精神的样子，嫌我这嫌我那，于是我就甩了他。有一段时间我心里非常难过，就是失恋的感觉。后来干脆又找了一个，也是为了给那个家伙看看，但是，我们相处得也很痛苦，总闹别扭，后来被我妈妈知道了，她骂我犯贱，那么轻易就跟男孩子跑。有时候我怀疑我们这些小孩是不是在浪费最宝贵的时光，在肤浅地show，也有麻木的感觉。长大以后是什么样，会后悔今天的所作所为吗？我想听听你的看法。

昕昕

昕昕：

我可以想象出你是一个开朗的女孩，天生丽质，富有艺术气息，因主持了年级的新年晚会而成为焦点，被男孩子注目。可是，你与他们的相处不长久，也不愉快，被妈妈说得很重。尤其让我担心的是：你问如此的情形“是不是在浪费最宝贵的时光，在肤浅地 show，也有麻木的感觉。”在爱或者与异性相处最初的时候，这个开端的感受与处理方式很重要，它会给你日后的感情生活很大的映射。你知道，心理学上讲的“首因效应”还有“晕轮效应”均与此有关。

首先你要理解，爱要经历“播种、耕耘、收获”几个季节，每个季节都需要投入心血和汗水。在收获爱的成果之前，漫长的岁月需要负起“耕耘、培育”的责任，否则爱便没有收成。当然这个爱的成果，就是充实知识、完善人格、使自己走向成熟的过程。一个不成熟的人是无法收获成熟爱情的。偷吃不成熟的爱果体验到的只能是苦涩，而成熟的人享受成熟的爱才会体验甘美。爱所具有的基本特征是关怀、信赖、接纳、尊重和平等。“爱情”是对所爱者的生命及其成长的关怀与珍视之情，是双方追求进步与完美的激励之情。因此，爱情是不允许一个人有倒退、出轨、失去目标甚至伤害对方之举的，如果发生这种情况，便证明其声称的爱情其实不是爱情，也许是把本能的需要或虚荣的心理、占有误作了爱情。对于不够成熟的人而言，春天播下爱的种子，秋天未必一定有收成，因为爱的种子本身也有强健与柔弱之分。你在踏入异性感情的交互中就要意识到：无论是多么真诚、多么浓烈的爱情，都可能有两种结果：一是幸福地继续，二是友好地或痛苦地半途分手。据几所名牌大学团委的粗略统计，即使是人学生，谈恋爱最终达到结婚的，不到恋爱择偶者的 20%，那么中学生呢，肯定概率更低；因此你说的失恋大约是必然的。失恋是探索成熟爱情过程中的一种人生体验。在今天这个时代，青春之恋发生得更早，初恋收获成果的可能性更低，而遭遇一次甚至多次失恋就成为少男少女或青年男女较普遍的经历。这种经历可能成为人生的宝贵资源，也可能成为命运的灾祸，全看你们当初曾经得到过什么样的教育和指导，从而对现实做出怎样的反应。在对待初恋与失恋的问题上，最能看出青春期当事人的心理是否健康，也是感情发展的重要节点。第一个男友很快对你挑剔，然后你很快换了一个，因此你是否应该审视自己内在的素质、特性是否有缺失，比如任性、小自私等。

另外从男女的心理特征而言，女孩子矜持一些是很必要的。无论在哪个时代，女人都是感性动物，那么爱情的第一选择自然是感情。如此一来，女子便成了在感情里最敏感、最易受伤的一方。因此女孩子要审慎回应感情，多观察，必要的退守，延长两个人走近的过程，使自己进退有据。有人写过：矜持的女人本身就是一幅动静相宜的绝美的画，她懂得如何珍爱自己，她举手投足、站坐起卧间始终透着优雅与得体，但绝不会卖弄风情。修养与天性是女性驰骋于风情世界里的两只翅膀。我说，女孩的修养得益于她对学识、人格与文化的修炼，她理解女人风情的本质：唯有张扬得有板有眼、敛放得当，才能把女人生命中美好的娇艳释放出来，而又不走火入魔地使自己沦落于卖弄。女人，保持一份矜持，是给自己增加了一份美丽与魅力。

喜欢一个人是容易的，但让一个男性在尊敬的高度上喜欢一个女人，则比较难，爱情里面，应该有尊敬的因素，这种爱情才会华丽高贵。一个很认真、有主见，而且懂得游戏规则的女性才配得到被人珍惜的缘分。

人的心理需求很多，就像照相机有广角及望远镜头，用望远镜头对准某一对象时，此对象变大，而其他对象就变成模糊的背景。而人的需求不仅是不断变化的，也是无休无止的。起初，他也许期望一个漂亮的女孩，但他的这个需求满足后，他很可能产生一个新的心理需求，开始要求自由、自主，和他的哥们儿继续打成一片。人是会成长会改变的，冲突于是产生。我们刚开始从爱情关系中可以得到满足，但因为我们的心理需求会随人生情况而改变，所以，两人即使是在结婚以后，还要不断适应、不断学习才能比较好地维持愉悦的“双边关系”。

现代的感情似乎不再像古代那么婉约、细致，没有了那种“眼里有，口里无”的眉目传情的古典，其实“才下眉头，却上心头”，距离造就的思念、含蓄带来的深沉，似乎都值得珍视。《诗经》中有：“蒹葭苍苍，白露为霜。所谓伊人，在水一方。”——深秋清晨，秋水渺渺，芦苇苍苍，露水盈盈，晶莹似霜。我那日思夜想的人啊，她就在河水对岸一方。由此可见，男子一旦爱上一位女子，便会倾心所向，执着追求，哪怕是终不可近，更让男子如此痴迷。人的劣根性是对轻易得到的东西包括情感总是不会太在意，那么要想得到“执子之手，与子偕老”那样坚贞的爱情恐怕需要用一生来经营，起初必然经过一番仔细打量、审慎接纳。爱是珍贵的，爱的体验是重要的，希望你努力地修炼自己，由内而外臻于完善。即使对于失恋，把它当成提高和完善自己的契机，那么才没有白白为最初的心动而受苦。至于你的母亲的“重话”，多半是看你受苦而心急，同为女人，她必然有更多的睿智和经验，在一段感情受伤之后，不要急于开始另外一段，因为自身存在的问题还在，迟早还要爆发。你一定要和母亲敞开心扉，不可为了报复或者虚荣再次轻易投入感情。

爱的内容和形式即是生命的深度和丰富的表现，情的坚定和韧性是一个人给予世界的奉献。因此我们要重视爱最初的把握，也在意青春和生命在爱的探索和变化中变得高贵和丰富。

成长，需要爱的学习

成成姐姐：

我给你剪去的报纸一角是一个11岁女孩的故事。很传统的文本方式想告诉你其实我们并不能多么现代，在很多问题上。虽然不像她那样单刀直入，但是，说实话，我也期望着有异性关心那样温暖的感觉。爸爸妈妈肯定最关注的就是成绩，老师揪着耳朵说着的就是考试。我们这一代人，住有宽敞的房子，上学都有车接送，但是，我们是在孤单中长大，是在考试与成绩的悲喜中单调地度过。在重重的压力中，我们只有屈服于考试，一切也只能由分数说了算。唉，那个11岁的小女孩，是呐喊的一个，而我们，是沉默的大多数。

无奈的大多数　落落

附：11岁女孩写下万言“情书”（简要）

“小学生为何无权恋爱？况且我已经为他付出了很多，对于我来说，心理上很沉重，是这种付出的失败？我觉得自己心理围墙再不修补的话，100% 明天见到我的地方便是棺材里、骨灰盒里。”以上这段话出自广州一名年仅 11 岁的小学五年级女生之手。记者问她为什么要把内心的秘密用文字表达出来，她说：“所思所想同朋友讲不了那么多，写日记就像和朋友聊天。内心所有的情感都可以宣泄。而当时确实认为某男生非常优秀、英俊，总有一种冲动在内心深处乱窜，一直极其难耐，就像是受煎熬。所写的内容全部是真实的，只不过有些言词比较夸张罢了。”当记者问她现在是否还有这样的冲动时，她说这种想法已经不强烈了，而且她现在上小学毕业班，学习任务较重，一切以学习为重。据了解，她从四年级开始爱上了写作课，从五年级起，她开始记下自己内心深处的感情，随着她的日记越写越长，本来很私密的东西在她的两个好朋友之间成了“课外读物”，还被加上了大量眉批和注脚，而她的父母对自己女儿的思想全然不知。她在日记中这样写道：“成人世界里，有种种宣泄方式，比如去酒吧、蹦迪、游玩，甚至找个异性朋友谈恋爱，我为什么不能如此？”

落落同学：

我知道你是个孤单的小女孩。成成姐姐曾经说过：是我们这一代人的成群结队，使得你们这一代形单影只。家家一个孩子，连“品种”都不能齐全，成长中连个参照都没有。说实话，成成就特别想要两个孩子，最好一男一女，但是，事实是，只能想办法让孩子多几个小伙伴，甚至轮流寄养在朋友家，“易子而教”，以弥补这份横向的爱……

那个 11 岁的小女孩宣泄的是孤单，她渴望的是朦胧的爱，并非一定来自异性，更不能界定为早恋。有理性的专家认为：爱，首先不是一种感情，也不是一种感情冲动，而是一种关系方式，在这种关系中，人们希望在考虑他人利益的情况下合作。哲学家弗罗姆认为，爱有这些特质：是一种积极的情绪，是给予，而不是只求获得；爱的基本要素是关心、责任心、尊重和了解。弗罗姆是心理学的权威，他把爱理解为一种利他的合作关系，一种给予，是一个人之所以被称为人的条件，这是不无道理的。爱的学习是一个终身的过程，关于爱的理解决定着一个人生命的质量、生活的状态。爱很不简单，没那么唾手可得。也许它像任何一种艺术一样，需要经过认真的学习、实践、锻炼才能获得。由于爱的对象不同，爱可以分为爱自己、爱父母、爱儿女（亲情）、爱朋友（友谊）、夫妇的爱（爱情）、对陌生人的爱（公德）以及对环境、动物、事物的爱（普遍的情感与道德和怜悯）。这些，好像很少有人告诉中国的孩子，或者潜移默化给孩子。很多的时候，中国孩子的时间和空间被其他的事物占满，比如考试成绩、课外特长等。爱的问题，常常被忽略了。但每个人都知道爱的重要性，它是一个人能否幸福的根源。

比如在这里，我想把爱的定义放窄，只放到男孩和女孩的关系上来。事实上，男孩与女孩的交往，是一个真实可见的过程，有其不可忽视的科学因素。我们进一步把男孩女孩的感情锁定在爱情上，"爱情是人类精神的一种最深沉的冲动。"哲学家费尔巴哈说过："爱就是成为一个人。但是如果对爱把握得不好，就会在没有成为一个高尚的人之前先被火热的爱毁掉了。"

普希金 14 岁时曾写下了自己的第一次自白：

一颗火热的心被征服了
我承认，我已坠入情网
谁能禁止这种奇妙的感情突然出现呢？

青春的苏醒不可蔑视。有一天，少男少女们会突然听见在他们的心底响起一阵最甜蜜、最温柔的音乐。这是青春苏醒了，是存在的庄严召唤，是生机勃勃的人的本质的回归。谁又有权利指责初次产生的爱情呢？粗暴的干预会造成青少年一生的感情压抑。这份感情需要的是爱护、同情、体谅，需要一点设身处地的思想，而不是蔑视。因为少年的爱情具有纯精神的性质，表现为情感的友谊形式，但它又不全是柏拉图式的，因为它终究要导致性的接近，而异性交往是成长的需要。根据社会交往互动理论，性别角色的社会化只有在与异性的交往互动过程中才可能卓有成效地完成。男孩唯有从女孩的眼里才能读出社会对男性的期望，女孩也只有同男孩充分交流才能获悉社会对自己的要求。人的一生注定要在两性世界中度过，要获得处理好两性关系的必要技能，适应相应的社会规范，青少年就必须与异性交往而非隔离。所以“恋爱”宽容地理解就是练习爱的过程。如果这种交往有一个宽松的社会环境，青春期的少男少女的感情便能有一个正常的释放和寄托，这个阶段的爱便也会有一个良好的开端；反之，爱就只能成为空谈而不会有什么作为了。

其中特殊的“青春期恋爱”在我们国家更加特殊。著名学者李银河女士在《关于青春期恋爱的研究》中指出：早恋这个词并不科学，顾名思义，早恋就是过早地恋爱，但是，何谓早？目前一般指中学时期，有的甚至包括大学。西方社会学研究者将十二三岁到十九岁的青少年恋爱行为称为青春期恋爱。相比之下，这一用语既给出了明确的时间定义，又未加道德评价。所以她希望以后大家能够用“青春期恋爱”替换掉“早恋”，从而使我们的用语更科学、更人性，更没有强加上去的道德批判色彩。

青春期产生爱情的微妙的感觉是很正常的，但是以青春期的年龄和实力，是否有能力来掌控这种犹如脱缰野马的强烈感情呢？回答是：不能。大部分的人不能。而且有些人还在事情过去很长时间后沉浸在痛苦中不能自拔。有很多的青少年可能会说：你不是我，你不能理解我的孤单和渴望爱的心情。但是爱的表达有太多种方式。在最好的年纪、最好的岁月，应该有最有意义的事情来做。要交往众多的男女朋友，才不会一叶障目，才能对异性有一个基本的总体把握。

爱情是把锋利无比的剑，学会爱是项很强大的生活本领。当你不懂得爱时，会为一个人放弃整个世界；而学会如何爱，你便能从一个人身上看到整个世界。接触异性的身体和心灵都是一种探究生活的延展，爱与性是那么神奇的东西，它让原本不同的我们契合地交融。面对生活无尽延伸的路，有个亲密无间的伙伴同行会是幸福的一个理由。但是，对于无论沉默的你，或者是呐喊的 11 岁女孩，我的建议是：首先，是将爱情扩展为爱，将锁定的一个异性“他”泛化为另一个部类的“他们”，同时，学会用勇气、担当、责任，做好从今开始贯穿一生的“爱的练习”。

那些可以作为信仰的经典爱情

成成：

我们这个年龄是属于幻想爱情的年龄，但我发现往往难忘的爱情都是没有结果的，如泣如诉的名著描写的都是死亡、分离与爱情；有结果的爱情比如婚姻被称为爱情的坟墓，大抵是感情的飘忽总是经不起平淡的流年。在现实中，我们看父母的爱情，听周围人门当户对地寻找，总觉得爱情并没有那么神圣，或者婚姻稳定就是一种均衡吧？爱情故事在现代支离破碎，还有什么可以铭记的永恒的故事吗？

这是一个爱泛滥的时代，也是一个爱稀缺的时代。

“宁在宝马车里哭泣，也不在自行车上欢笑”就说明了，爱情已经堕落，不是吗？

弱水

弱水：

你的名字很古典，一如你寻找的经典的爱情。

父母的爱情或者是充满烟火气的，似乎没有想象中的浪漫，比如我就绝不会花不少的钱买一束蓝色妖姬，更可能会买软烂的猪蹄，当然也会指望猪蹄的骨胶原能够抵御一点流失的皮肤弹性。但是你是否想到，这种两个人烟火气十足的岁月，共同地爱着守护着一个孩子，倾注所有，正是爱的体现。既经得起爱情的绚烂，又守得住流年的平淡，这种爱情是稳定的，也是传世的。对爱情的呼求本身，就是对这个时代强大的物化浪潮的一种无畏抗拒。你看到了爱的泛滥和堕落，你看到爱仍然在塑造着每一个心灵，也在表达着时代的变迁并最终变得美好吗？

杨绛去世，因为她的博学与厚德，大家尊她为先生。她与文坛大师钱钟书都拥有倾世的才华，且在精神和情感上都达到了空前的默契，看看他们当初的相遇，那么的坦诚，因为两双慧眼，晓得在人群中的相遇如同重逢一样的惊喜，从心灵上认同对方，灵魂相念。钱说杨是“最贤的妻，最才的女”。而吴宓赞钱钟书：“才情学识兼具，新旧中西俱通。”学界称其“中国博学鸿儒，当代文化昆仑”；世人惊其“大师风华绝代，天才卓尔不群”。无论是人们熟稔的《围城》，抑或是近乎天书的《管锥编》，都一次又一次地惊讶了国人，感叹了世界。

而婚后经年，当杨绛读到英国传记作家概括最理想的婚姻：“我见到她之前，从未想到要结婚；我娶了她几十年，从未后悔娶她；也未想过要娶别的女人。”把它念给钱钟书听，钱当即回说：“我和他一样。”杨绛答：“我也一样。”

他们经过的岁月并不平顺，但是无论怎样，他们似乎只要有书和书桌就足够了。我想他们的书念大了，这个“大”，是“大”过了所经历的时代及其云烟，是“纵浪大化”的“大”。和他们的信念一起永恒的，还有彼此的情感。晚年的钱钟书夫妇有个默契的约定，出版的东西都是对方给写题目。在杨绛眼中，“夫妻该是终身的朋友，夫妻间最重要的是朋友关系，即使不是知心的朋友，至少也是能做伴侣的朋友或互相尊重的伴侣”。于是，在牛津大学里，杨绛与钱钟书一起在图书馆里苦读。钱钟书很笨，种种家庭琐事都是夫人完成，但杨没有抱怨。这种接纳即是对另一半价值的最大肯定——琐事我来，你做大事。岁月还将他们的习惯演变为佳话，如钱钟书先生习惯早睡早起，杨绛却晚睡晚起。在牛津留学的第一天早晨，钱先生烤面包，热牛奶，煮鸡蛋，冲红茶，用托盘端到妻子床头，从此早餐便是钱钟书先生负责照顾她的固定节目，难得的是——这个习惯一直持续到他老得再不能动时。怎么样，感动吧？他们的爱情平静悠长是否可以堪称经典——他们两个有滋有味躲在书的围城里。

而说起“最贤的妻，最才的女”，你们可能想到的是梁思成和林徽因，林徽因成为当今时代拥趸，不仅因为“太太的客厅”，更是因为她秀外慧中、多才多艺，还因为她的坚持和远见。她曾旅英留美，深得东西方艺术之真谛，英文水平极佳。她兼具中西之美，既秉有大家闺秀的风度，又具备中国传统女性所缺乏的独立精神和现代气质。别人眼里，“她是建筑史研究中卓有建树的学者，卷起袖子就可以赶图设计新房舍。她骡子骑得，鸡毛小店住得，20 世纪 30 年代以来，她不顾重病在身，经常颠簸在穷乡僻壤、荒山野岭，在荒寺古庙、危梁陡拱中考察研究中国古建筑”。今天最引人注目的是她还是三个著名的爱情故事的女主角：与浪漫诗人徐志摩的青春爱情；和梁思成这个名字并排在一起的婚恋与学养成就的辉煌，建筑学家丈夫视她为不可或缺的事业伴侣和灵感的源泉；另外一个是著名逻辑学家金岳霖因她终身不婚，用大半生的时间“逐林而居”，成就人间佳话。

她的诗歌《你是人间的四月天》，有多少轻盈美丽、和风柔光啊：

我说你是人间的四月天；
笑响点亮了四面风；
轻灵在春的光艳中交舞着变。
你是四月早天里的云烟，
黄昏吹着风的软，
星子在无意中闪，
细雨点洒在花前。
……
你是一树一树的花开，
是燕在梁间呢喃，
——你是爱，是暖，
是希望，你是人间的四月天！

有此诗作证，徐志摩的爱绝不止于她的相貌。难得的是，从 1930 年到 1945 年战乱之年，最美的她并非娇弱之流，她与梁思成共同走了中国的十五个省、两百多个县，考察测绘了两百多处古建筑物，获得了许多远溯唐宋的发现，很多古建筑就是通过他们的考察得到了世人的认识并加以保护，如河北赵州石桥、山西的应县木塔、五台山佛光寺等等。他们夫妇二人曾着力研究过北京周围的古代建筑，在他们眼中，那些饱经沧桑的亭台楼阁、寺庙塔院也有其灵魂，它们在为昔日的繁华吟咏着缠绵悱恻的挽歌，而且是神秘的历史最可信赖的证物。我们该多么羡慕他们共同的目光和跋涉！最最难忘的是林徽因关于北京城空中花园的设想，当时的北京还有四十六公里长的明清城墙完整而巍然地环抱着，林徽因称之为“世界的项链”。她有一个绝妙的构想，让城墙承担北京城的区间隔离功能，同时变外城城墙和城门楼为人民公园，顶部平均宽度约十米以上的城墙可砌花池，栽种花木；双层的门楼和角楼可辟为陈列馆、阅览室、茶点铺，供市民休息娱乐、游戏纳凉……请让我们永远思念这才华、气度、智慧的光华和琴瑟相应的生命乐章。即使，最终，梁思成痛心至极，为光亮倏忽消失的林徽因亲自设计墓碑与坟茔——这仿佛是爱的庄严落幕：整座墓体是由梁思成亲手设计，墓身没有一字遗文。这样的爱情可以作为信仰！

爱不是一种目标，而是一段旅程；爱是渴望，是忠诚。爱情这样致无尽岁月：我相信我爱你——依然。始终。永远。其实，一晃神，一转眼，我们就垂垂老去。但是因为爱情，因为互相塑造的完美，因为一个人和另一个人携手完成着全人类的梦想，经典的爱情从而千古流芳。

情的唯美

我心中有涟漪一朵

成成姐姐：

我今年初三了，该为考高中拼搏了。可是，我总有些心事，有时就乱得学不进去，效率非常低，哥哥挖苦我是“务时不务工”。我就是非常喜欢我们的历史老师，上他的课，是我盼望的事情，要是他没有提问我，就很沮丧、难过，他也常逗逗我。可是最近，我忽然听到好几个女同学都开玩笑对他说：我们很想念你！他竟然很陶醉的样子。哈！

潇湘公主

潇湘公主：

你的信到这个顿悟的“哈”字就没有了？我在整个纸上找了半天，又把信封里外搜寻了几遍，真的就没有下文了，连名字也是从开头借来的。有什么样的风儿把你从这段心事中吹走了，还是你心中的那一朵涟漪已经变成你脸上的笑颜？

我看到一个很有意思的标题：《老师，你要爱学生，但不要爱上学生》。我要对你说：你要热爱历史，因为它的确非常迷人，如潮汐般的历史的呼吸，那里有多少故事、传奇，有多少悲欢、感叹，无论多么迂回，总是走在大道上，这个大道既是社会发展的客观规律，也是每个人需要了解和把握的客观准则，需要我们用一生来领悟和把握。但你最好不要“爱上”历史老师。聪明的你应该考虑到：当站在讲台上的他吸引你的同时，是不是也对其他人形成了磁场般的吸引力？他像公众人物般被大家“宠”，形成一个学识交流、智慧交锋的气场，非常珍贵，非常难得！你应该更多地欣赏其中的大美与磅礴的力量，忘却自己的小私心。

因为，成熟的爱是保持自己尊严和个性条件下的结合。爱虽然是人的一种主动的能力，是突破使人分离的那些屏障的能力。爱使人克服孤独和分离感，但爱承认自身的价值，保持自身的尊严。爱是自由之子，不是支配的产物！——现在我们知道，爱是双方的共同奉献，是两个人格的交相辉映，所以，行进在爱的路上，不是一方对另一方的呼唤和供应，而一定是在生理能量和精神能量的交流和给予，没有这一点，就没有深刻的爱，更没有历经岁月而愈加丰满的婚姻关系！心理学典籍给予人们更深刻地理解和把握生活中爱的关系：

——爱，是日常生活中到处可见的现象，是人类印象最深的体验之一，因为它同希望、信念一道构成了人的生存意义的主干。

——爱，在现代越来越迷恋于实体的功能，它与尊重、爱恋等本身存在更深刻的联系。

——爱是使生命从善或从恶的岔路口……

怪不得关于爱情与婚姻肯定是影视剧永恒的主题，因为在爱的日常景象和它的内在，就是人的生存意义的主干，是善或恶的表现啊！

——从东方的仁的角度来探索，爱要求怀着爱的人献出自己的生命。另一方面，生命为了完成自己，则要求必须有爱。

——爱只有待到了青春的自我觉醒，认识到自己精神上有一种无论什么都难以置换的要求时，才算是一种真正完全的冲动。

——使爱得以结晶，是青春期的一个课题。将性欲转化为知识欲、宗教热情等等，也是青春期的工作。

——爱使生命昂扬，这本质上是善的光辉。

——首先要把爱从沉没在个人的自然感情的状态中解放出来，使之成为意志的对象。

这些说给青春期的你们，仍然是振聋发聩的吧？多少人流动于情绪的海，而真正的人则航行于意义与意志的完成中。你能从情绪的海中打捞到什么呢？

——人的精神是存在，是知识，是爱。——这是一个光辉的顶点，无数的人前赴后继地攀登！

可是你很可能说服不了自己的感情，仍然为别人想念他而“很受伤”。这时候，我建议和你一起来想象着表演一个话剧（心理剧）：N 年之后，你的黄粱美梦实现，他真的成了身边人。哇，好恐怖，他比你大了很多，显得很“历史”了……因为原来的师生关系，你能尽情表达心情吗？恐怕得像样点如上课回答问题般，连吵架的痛快都没有，心理上地位就不平等嘛！然后，走下讲台后的他，也得鸡零狗碎地过日子，吸引你的海潮般的历史老师和课堂一同隐退了……

你不忍想象吧？心理学上常“狰狞”地采用这种一步到位的方式弄清人们真正的情感期望，让人成为理性人，更明确自己的目标。

在“哈”之后，我总在猜想你的样子。我们再来做一个测试，对于该中断的感情，据说不同血型的人会有以下表现，看看你是哪一种？ A 型人谨小慎微，这段心事一直只在自己心里，憋不住写日记的话都用代码，比如历史老师就是 LS，她当然是默默地走开，连一个哀怨的眼神都不敢久留，叹息轻得只有自己听见；B 型人向来分不清友情和爱情，她执拗地想弄清楚自己和对方的感情定位，结果把 LS 约了一把，结果是空等了一小时，然后恨恨而归，从此不理他；AB 型的人很两面派，表面上放开了，心里却抓得紧，直到很久以后才释怀；O 型的人感情一泻无遗，但是一旦发现事情真相，或者判断出未来的归属，理智就会成为瓶子塞，立即拧上。你是那个完美控的“O”吧？

那么让大家都想象的 LS 是什么样的呢？且让我们快乐地想象。据说，有一种人，是能把爱神维纳斯的箭和弓都夺过来拿在自己手里的，只要有机会，就会拔出一把箭来，“唰唰唰”地射出去，周围的人，一定距离之内的人都会被射中，好不幸啊！这个故事讲完，我的爱好画画的朋友画了一只刺猬拿着弓，不，是丘比特那些顽皮的箭镞！哈！小姑娘，有时，也要当心你周围的“刺猬”。

尤其如果你是“潇湘公主”那样，“心较比干多一窍”，又“眼中能有多少泪珠儿，怎经得春流到夏”那样的，就更要提防。不过，我想你不会，因为住在潇湘馆的那位是孤儿，而你是公主，更何况你也知道，要想更像点潇湘馆的那位红楼才女，还得读多少书，懂得多少家国道理、人情世故？你有多少路程要跋涉，有多少风景要走过，多少书中的扩展、脚下的实践逐一展开？学习才刚刚开始精彩，而人生还舍不得翻开春天，多少梦正含着苞等待春风！

收拾心情，努力拼搏！

我是如此多情

成成姐姐：

我是一名初中三年级的女生。按说该是好好用功学习奔赴中考了。可是我的心里总是晃动着一个人的笑脸，他的一举一动左右着我的视线。他——就是我们的老师。他的学识谈吐、幽默机智符合了我全部的想象，我知道这不对，但是难以自拔。现在我都不能让他知道。我不该多情，但我控制不了自己——我就是如此多情。

面对学业，我该怎么办？

娜娜

娜娜同学：

青春期少男少女同老师朝夕相处，容易对老师产生既像友情又像爱情的感情，心理学上叫作“牛犊恋”。心理学研究发现，在“疏远异性——积极接近异性阶段——恋爱阶段”这一青少年性意识或情感发展的必经历程中，有些青少年在第一、二阶段间，还要经历一个向往年长异性的阶段，有人称之为“英雄崇拜”，有人称之为“牛犊恋”。

在向往年长异性的阶段，往往表现为着迷地倾倒于所向往对象的一举一动，并将对象偶像化，对其体验到强烈的精神依恋。“英雄崇拜”“牛犊恋”形象地揭示了这一特点。而成为迷恋对象的人，往往是周围年长的异性，因其容貌，或是才识，或是能力，或是人格，具有强烈的吸引力，有时便引发了少年产生独占性的爱情需求。在学生接触最多的年长者中，除家庭成员外，便是教师，教师极容易成为正处于思春期学生的爱恋对象。由于千百年来传统性别角色意识的影响，在女性身上至今还存在着较大的对男性的依赖，因此，在少女身上更容易产生向往年长于自己的男老师的“牛犊恋”。

由于“牛犊恋”中往往多有寻求父兄之爱的成分，事实上正是说明心灵断乳期的一厢情愿的感情寄托。由于师生间事实上存在的诸如年龄、阅历、经验、角色等方面很大的差异，由于这种恋情往往是如痴如醉的“单相思”，所以，师生恋情大多不能发展为通常的恋爱关系。可以这样说，师生恋情大多是一朵难以结果的花。在那些法制规范更为完备的国家，对于师生恋，因为保护不平等交往的弱势一方，出台相应规则。如在欧美和日韩，不仅校方给老师设立“红线”，整个社会也通过法律、伦理等约束老师的行为，并严惩有违职业道德的教师。

美国大学校园里的师生恋，曾是美国影视作品热衷的主题之一：精心修剪的络腮胡让年轻的教授更显英俊，金发碧眼青春逼人让新入学的女生更加动人；他在课堂上才华横溢侃侃而谈，她坐在前排满眼倾慕凝神静听……这是几十年前美国肥皂剧的经典画面。但现在，美国大学校园里师生之间的两性关系已是教师道德准则所不允许的了，就是和学生谈恋爱也有违校章，几乎所有的美国大学教师和工作人员手册里都有这样一条规定：严禁教师去“招惹”学生，或者更明白地规定不准和学生有任何浪漫的两性关系。例如著名的北卡罗来纳州立大学人事部在官网上公布的校规中，使用了“不正当”这个字眼来形容师生恋。从不管到严禁，根本原因在于权利不平等，而且在师生恋最终黯然的结局里，受伤的往往是弱势的学生。

那么怎么把感情和精力拉回到安全的常识之栏里？

克服“牛犊恋”的最好办法是多同异性交往，尤其是与同龄的异性交往。在广泛的交往中，可以克服对异性的神秘感，减轻头脑中个人主观的幻想成分。

你是否想到如果你把这份感情告诉老师，是否会给自己和老师带来麻烦。因此，不要轻易地将这种感情表达出来，以免使自己和对方处于尴尬中。

有时，把喜欢的对象偶像化以后，会使自己的感觉和判断出现差错，把对方过分理想化。事实上理想的两性关系，既是激情、气质、能力以及有意开掘的美好的一部分，也是柴米油盐琐屑单调和丑陋无遮无掩的暴露，任何人都有缺憾的另一面。你如果发现了，那才完整和正常，你如果没有发现或不愿承认，那就是在矫情和无病呻吟。

需要警惕的是，就在近几年，校园性侵已经成为热门话题和社会的痛点，从大学博导占有女弟子，到小学校园里的个别禽兽教师失范。因此我们不得不多打量一下自己周围的环境，注意情感的走向。曾经有风度翩翩的老师一边享受自己的家庭生活，一边对年幼的女学生痛说家庭不幸，无人理解；也有教师借物理实验、化学反应、生物常识暗示、撩拨异性学生。在我向大家推荐的《老大，再见》这本小说中，一位男教师就在一个废弃的卫生间里，占有、猥亵几届女生，而且她们都是单亲家庭或者个人生活处于滑坡的危险境地中，令人发指！学校有围墙，应该圣洁，但是它毕竟只是社会的一个组成，不会是世外桃源，因此，当你看到、听到反腐案件中那么多、那么下作的不正当关系，看到小三被杀或者同台受审，就千万不要疏忽了潜在的危险——当然我相信，对你所经历的，还有你的提问，这只是个遥远的提醒。

西方人讲，感情是一只野鸽子，要把它抓在手里，得用自己的理智。同时参考一下亲情的浓度和付出，你会认识到，虽然你没有理由麻木，但也没有理由让情感泛滥。

成成姐姐总是非常痛惜且爱怜青春年华所有的情感磨难，但，超越才是硬道理！

婉约的情致

成成姐姐：

请你一定要帮帮我，我最近压力非常大，我唯一解脱的办法就是请你为我分忧解愁。

我喜欢上了一个男孩，我们都初二了，但不在一个班，我们彼此都有爱慕之心，但是总好像有很远的距离，始终打不破沉默。我希望我们能进一步发展，但是我们都很胆小，谁也不敢跟对方主动交流。我试着忘记他，可怎么也忘不掉。我该怎么办？

娜娜

娜娜同学：

我总在想，倘若心灵的空间大一点，是不是就可以容纳很多的东西，包括情感、功课、朋友、课外书，甚至世界各地的日新月异，吸引你跋涉的脚步和仰望的眼睛……为自己的心寻找一个更开阔的空间，出发，去游历生活的每个角落。那样，再重的感情、再胶着的状态，都可以在行云流水般自然的生活节奏中释放一下、和缓一下，也许，原来让我们冥思苦想、头破血流也冲不出去的禁锢，就过眼烟云般消散了，留下蔚蓝的晴空和明净的无任何杂质的心境，从而澄澈、安静地享受生活。

或许是功课太紧了，升学的压力太大了，在这样的单调空间中，不少你们的同龄人都很自然地把对异性的朦胧好感看得那么重，轻易滑入双人舞的恋爱轨道。其实心的领域很大很大，而两个人的世界很小很小。

再者，那些眉来眼去的注视，那点“才下眉头、却上心头”的惆怅，那甜蜜的空虚和孤单，是多么婉约的情致啊！你或许不是针对着某个他，而是整个的异性群体——他们；你或许都不是特别在意他们中某个人的看法，而是想知道他们对你们的态度——世界另一半对你的看法；再说，朦胧的情感，或许禁不起太正规的“实施”，在世俗面前反而落得说也说不清楚的结局。因此，我主张，就胆怯下去，就远远地望，而不是近距离地处；给未长成的你和他都多留些空白，给最初的感情也留下较大的空间。

我们把这件事想实了、想远了，它很可能是这样的：当你们表白了，惊喜过后，记住那喜悦来源于对方对你的承认，可是环境也许对你苛刻了，你是个学生，大家对你的判断标准会因此事发生很大的转折，你能应对吗？假如他真的是不能忘记，也不该错过的，可是等待你的仍然是平凡的日子。有一对人人羡慕的夫妻，在谈到相处的感受时，一方淡淡地、出人意料地说：一个字：忍，另一方说：我四个字：一忍再忍。爱情是汹涌的，但是日子、婚姻是平淡的，还有很多忍无可忍的，比如将近 30% 的家庭走向破裂。以上所言是一个客观的结果。告诉你这些的同时，我的心里也非常平静了。你呢？

假如忘不掉，就别一再强迫自己。有朋友告诉我她的故事说：功课那么紧，可是他的影子老在脑子里跟我捣乱，有时就做起白日梦来了，可是不行，这是关键的时候啊！后来，我就跟"它"订个协议：要是今天一天效率很高，就在临睡前把当天的功课过完电影之后，想他五分钟，就五分钟。浪漫地。为了这样的时刻，我每一分钟都不敢浪费，怀揣着一个梦，为了渐进地跟他走在一起的时候更有资格、理直气壮。这是一股子劲头！渐渐地，那个梦，就乖乖的了，并且成为生活的调剂。但是，后来，我根本没有选择那个人，有关他的想象不过只是那个年龄的一个寄托罢了。

在最近热捧的心理学著作《我们与生俱来的七情》中讲道：情绪是流动的能量，能与其和平共处就是自己生命的主人。我们的情绪源自我们所处的文化。情绪（或者这种感情）假如不能倒空，那么顺势而为也是办法之一。有一个朋友的故事是这样的。她按着自己的心情选了几本名著，有《约翰·克利斯朵夫》，还有《浮士德》。然后她走向他，自自然然地谈起书中的内容，谈到了比较混乱的青春期。记住，他们在谈别人，谈全人类经历的情感的大河并逐渐走向平静的河床，两个小小的心灵悸动，变成了仰望与交流。渐渐地，他们交换了很多书，他爱看科学史，那是一个多么迷人的、优美的世界，充满着智慧和庄严；她恰恰追着科幻大片，于是一起大笑美国影片居然能把印在 T 恤衫上的元素周期表作为重要桥段的连接点，两个人的视野都大大地打开了，成了极默契的朋友，彼此成就了对于学业、爱好更好的延展和铺垫。多少年之后，他们彼此感激，那时那么好的选择和相遇，成就了更好的自己。

也许，就该当作一个婉约的梦，可诗可画，用心珍藏和把握。

牵手又松手的我们

成成：

在繁重的学习与考试中，在老师的眼皮子底下，校园里也还是上演着“爱情故事”的，今天这个和那个好了，明天那个移情别恋啦！有看电影的，喝杯咖啡的，偷偷牵手的少男少女，羞羞涩涩，慌乱而敏感；暗暗松手的我们，留在心里一声长长的叹息，真是“剪不断，理还乱”啊！

我想起电影《爱情故事》中女主人公的一句话：爱情就是我的信仰！我们的爱情是游戏吗？

一声叹息

一声叹息：

成成在一本书中看到这样一段话，说的是《美人鱼》的故事：没有人会不心疼那条孤独的“美人鱼”。放弃了天籁般的喉音，放弃了海底的自在和优游，只为一步一煎熬地去见她心爱的王子，而结果却眼睁睁看着王子投入了另一个女人的怀抱……很多女孩子就是从听到这个故事起，开始了她们向往爱情，一生学习美、善良和爱的旅程……

在由儿童向成人过渡的中间阶段，贯穿青春期的最大特征是性发育的开始并逐步完成，对异性的兴趣，由反感到爱慕到初恋……这几乎是每个人必经的历程。但由于在整个青春期中，情绪多动摇不定，所以牵手又松手的故事很多。而在某一阶段，又表现出不同的特征。

1. 性抵触期：在青春发育之初，有一段较短的时期，青少年总想远远避开异性，以少女表现得尤为明显。这主要与生理因素有关。由于第二性征的出现，使青少年对自身所发生的剧变感到茫然与害羞，本能地产生对异性的疏远，部分人甚至对异性反感。此期间持续一年左右。

2. 仰慕长者期：在青春发育中期，男女青年常对周围环境中的某些在体育、文艺、学识以及外貌上特别出众者（多数是同性或异性的年长者），在精神上引起共鸣，仰慕爱戴、心向往之，而且尽量模仿这些长者的言谈举动，以至入迷。

3. 向往异性期：至青春发育后期，随着性发育的渐趋成熟，青年人常对与自己年龄相当的异性产生兴趣，并希望有机会接触异性，或在各种场合想办法吸引异性对自己的注意。但由于青少年情绪不稳、自我意识甚强，因而在接触过程中，容易引起冲突，常因琐碎小事而争吵甚至绝交，因此交往对象常有变换。

4. 恋爱期：青春发育完成已达成年阶段，青年把友情集中寄予自己钟情的一个异性身上。女孩子常充满浪漫的幻想，向往被爱，易于多愁善感；男孩子则有强烈爱别人的欲望，从而得到独立感的满足，他们的心情往往较兴奋。

男孩子发现自己开始注意女孩子的一举一动，渴望与她们交往，尤其是自己心仪的女孩子，身体内开始滋生一种陌生而又甜蜜的感觉。这就是他们理解的爱情产生了，虽然是那么稚嫩，但是很宝贵。少男少女共同面对的困难是：身体已经跃跃欲试，心灵的成长却不能比翼齐飞！他们的生活中唾手可得一些“爱和性”的信息，根本没有时间辨其好坏与真伪，就一股脑儿地接受了下来，包括一些垃圾知识。

先来看看包括身体和心灵参与进来的那件有关爱与成长的事情，到底有哪些：

——学习如何成为男人或女人的全部过程。

——对于自己身为男人或女人的感觉与态度。

——有关身为男人或女人的一些想法、经验与表现。

——与同性及异性的交往方式。

——与同性及异性建立的关系模式。

成成的看法是，少年，你不必掩饰对异性的喜爱——但在青少年时，应该尽量找到一个自己的最佳才能区。至于对异性的感觉，还是多一些距离好一些。可以想象、感受，尽量多积累一些理性和科学的知识，也可以积累一些诗词和哲学，但不要过早去深入地参与和体验这件事。因为爱情是那么娇贵和美好，而青春的日子、学习的黄金时代又是多么容易随着起伏的感情、牵手的激动、松手的痛苦而轻易流逝。集中精力，崛起人生的高度，你自然会看到更加广阔美好的风景。

致青春期可贵的友谊

成成：

和父母担心早恋的情况不同，我交往的对象都是同性。女同学在一起，叽叽喳喳，交换秘密，成为一堆一堆的小团体，有时候有清楚的边界，有时候就“统一”了。但是，我的朋友说，应该有异性的朋友，但是不涉及性，不是恋人吧？我想，有真正的异性友谊吗？妈妈说，从恋爱到结婚后，原来的女友就渐渐消失了，她现在逛街或喝茶的时候想“恢复”一个，都找不着呢！看来，这是“必要的丧失”啊！你怎么看待青春期两性间的友谊呢？

马虎小杰

马虎小杰：

人和人的交往达到一定的感情契合程度后，就会萌发友情，由一般的泛泛交往进入到深层次的心灵与情感的沟通。友谊，是一种深沉而真挚的情感依恋，是成长过程中有益的人际关系。有人说，世界上没有比友谊更美好、更令人愉快的东西了。作家冰心说，友情“照亮了我的灵魂，使我的生存有了一点点光彩”。人的一生中，若是没有友谊的陪伴将是难熬的长夜，更何况对于心灵最敏感、情感最浓烈的青春期的青少年朋友们呢！“校园里的友谊，像原始森林里的小溪，纯洁、清洁、甘甜”，它最纯洁、最无功利，因此，也最为珍贵和令人难忘。

青春的友谊来自同伴们相互间的理解与共鸣，来自对美好生活和理想自我的不懈追求，来自心灵的碰撞和相互的倾慕。同伴们在一起总有聊不完的天、说不完的话、交流不完的感受。在校园的浓荫下、郊外的草地上、昏黄的灯光里、喧嚣的马路边上，我们会发现一个个闪耀着水晶般的初心，同学们阐发着各自对生活的“高论”，述说着对朋友们的信赖。同时，也在对方赞赏的目光里感受到同伴对自己的偏爱、友情，更感到了自己在同伴心目中的地位，同时也找到了自身的价值。在一次次尖锐的思想交锋和观点的碰撞后，他们发展了自己深邃而缜密的思维；在多次利益的冲突和行为的妥协中，他们坚定了自己的个性，同时也学会了如何近距离地与人接触而又不伤害对方的方法，很有分寸地划分群己边界。由于友情的存在，他们感到被同伴接纳的快乐，增强了面对未来、面对陌生世界的勇气和信心。真挚的友情、纯洁的交往，发展和丰富了青春的情感，像一盏不灭的明灯照耀着自己成长的航程。所以，当友情来扣你们的心扉时，请把心扉打开！

像你讲到的那样，女性同伴间的友谊更是不可或缺，或者可称为“闺蜜”。由于女性的多愁善感、乐于倾诉，女孩子间的友谊更加普遍，所以，你有一大堆叽叽喳喳的朋友，就有叽叽喳喳的快乐。

青春期是一个人社会化的关键时期，此时异性友情当然不可或缺。从生理上走向性成熟，心理也开始跋涉异性的世界。此时的男孩、女孩，以其特有的性别磁场在对异性产生吸引力，或被异性磁场所吸引。这不是他们自身意识到的，更不是他们可以计划的。男女孩子最初的性别磁场的引力指向，一般是指向家庭中距离最近的异性家长：男孩指向母亲，女孩指向父亲，悄然强化着所谓“恋父”或“恋母”情结。因此，细心的父母可以观察到，进入青春期的男孩女孩，在对异性家长的态度、表情、言行上发生着微妙的变化，这是十分正常的。但这个过程不能持续太久，孩子的性别磁场很快从异性家长转向同龄同辈的异性，这是青春期社会化的一个特殊环节，可称为“第二断乳期”或“心理断乳期”。如果男孩女孩迟迟不能完成“第二断乳期”，他或她将在与异性的交往中遇到困难，或在将来的恋爱择偶乃至婚姻中受到挫折。另外，从少男少女时期的自然接触中，一边认识异性世界，一边认识自己，知己知彼，增强与异性相处的自信、自尊感和相互悦纳、尊重、平等的观念，为将来与终身伴侣结合并和谐地相处，做好长期准备。这对现代婚姻的幸福和家庭生活美满，也是不可或缺的。

青春期的异性友情，应该是开放的，不保密、不占有，不做永久承诺。这种友情应该是越多越好，多元且多层次、多侧面，这样你会领略充满差异但却和谐的人生，自然获得宽容、欣赏等优势的心理素质。当某位异性朋友离你而去时，你就不会觉得太孤独、太寂寞、太失落。你已经能够意识到“必要的丧失”，没什么了不起。要知道丧失和获得肯定会是一个连续和波折的过程，而理解其“必要”是理性的态度。而当一位异性离你太近，甚至排斥其他人时，你也应该细心观察，把握距离。一个身心健康的孩子，青春期应该是伴有丰富的异性友情滋养，而又不执着和专注于与某个异性同学的关系，更不陷入对某个异性同学的心理依赖。

一般而言，一个兴趣爱好广泛、充满活力的青春期少年，总是有很多的伙伴。无论同性或者异性，他们构成了一个离你最近的“圈层”，会深刻影响你对世界的探索、对人的了解，因此，以“建设”的心态善待友情吧！

面对青春友情，父母为什么要慌？

成成：

我的妈妈老是偷看我的手机短信，打个电话问个作业，也要查清是男是女，去除“假公（作业）济私（感情）”的嫌疑。若是多说一两句话，就会盘查到底，还会在下次家长会上要上那个家长的手机，进行联系。唉，青春期撞上了更年期，真是没什么道理可讲，总唠叨着让人烦死啦！

闷闷不乐

闷闷不乐：

首先给你同期展示一下家长的担心：

“我女儿最近老是接到班里一位男生打来的电话，说些含含糊糊的词儿，令我听不懂，也猜不明白。您说咋办？”

“我儿子情人节那天买了20多张情人卡，第二天全寄出去了。这么个十五岁的毛小子，您说能有那么多的情人吗？”

“我女儿说她认识了个大哥哥，是初中毕业班的班长，还让我们允许她以后带这位哥哥回来吃晚饭。您说他们之间究竟算什么关系呢？”

“我儿子上学期与班里一位女同学要好，又是送生日贺卡，又是一同去滑冰。可是这学期刚开学不久，他又换了一位女友，压根儿不提上学期那位了。您说这孩子，小小年纪就花了心，将来会不会变成他爸那样的男人啊？”

……

的确，父母面对孩子与异性之间的“友情链接”，总是不那么坦然，总是提心吊胆惧怕“早恋”，家长其实也明白，孩子进入“青春期”的意思，就是体内一种化学元素即荷尔蒙的增长，使孩子成为一个“性别磁场”，男孩为阳极，女孩为阴极。阴阳磁场的相互吸引，加之荷尔蒙的曼舞，使孩子体貌发生符合自己性别的变化，即出现“第二性征”。男女“第二性征”截然不同，有差别就有吸引。家长甚至也认识到：少男少女在“磁场效应”中自然地进入异性世界，直观地认识异性，并从与异性的交往中认识自己，从而读懂异性、识别自己，并在交往实践中学习尊重、平等和相宜的性别角色，这比任何的理论教导都有效。如果这种交往与未来的恋爱和婚姻有什么关系的话，那么可视为“早期铺垫”或积极准备。从这个意义上说，所谓的“早恋”改为“早练”，即未来择偶结婚的早期练习。实际上，今天许多青年男女不曾自然而广泛地进行过不带有婚姻目的的结交异性朋友的练习，一交往便去谈婚论嫁，甚至径直将婚姻当作练习本，错了便撕毁重来，代价岂不太昂贵了吗？当今的离婚率日益上升，是否与此有关呢？

特别是许多离异的单身母亲，或因丈夫长期不在身边而孤独寂寞的中年女性，把自己的感情孤注一掷地寄托在孩子身上，不知不觉对孩子产生控制甚至“占有”的心理，不能容忍孩子与其同龄伙伴的亲密交往。这种情况尤其明显地发生在母亲与青春期儿子和父亲与青春期女儿之间。这里有着某种性心理“情结”，如果长期得不到缓解与疏导，将导致父母与儿女双方的性心理扭曲，严重的会造成孩子将来的恋爱挫折和婚姻不幸。

那么，花季少男少女之间的交往究竟有什么功能而使其成为“必须”的行动呢？

首先，娱悦身心，释放压力，放松神经，增进健康。

学习紧张的孩子们更需要愉悦身心甚至“娱悦身心”。同龄的伙伴在一起谈天说地、遛马路逛公园，一道骑车兜风、郊游聚会等等，最好的感觉就是“开心，痛快”。如果这些活动有异性参与，那就格外开心。因为异性之间有自然吸引力，有“磁场效应”，有“情愫”“性愫”的伴随，大大增强了娱乐的效果。“男女搭配，干活不累”就是这个道理。在异性交往中，彼此心旷神怡，学习上的压力减轻了，神经放松了，身心健康、精神饱满地投入学习与生活，这是少年的需求，也是其权利。少年并不是学习的机器、功课的奴隶。其实，世界上有许多高雅而健美的文体活动都是为两个性别共同参与而设计的：交谊舞、双人舞、男女声二重唱、男女乒乓球混合双打、男女花样滑冰等等，难道不是给人一种格外清新和美好的享受吗？如果在某些娱乐场所，只见同一性别的人群，那该是多么单调和枯燥？这就是万物皆有“阴阳和谐之美”的道理。现代社会几乎都取消了男女分校的制度，也有这层含义。

其次，解除心理困扰，实施情感救助，有助于维护青春期心理健康，预防心理疾患。

青春期是容易产生烦恼情绪和心理失衡的阶段。既有来自生理与身体变化的不适之感，又有因功课压力、成绩波动、人际关系和家庭气氛而带来的烦恼。烦恼中的少男少女，渴望心理救助和情感支持。此时，父母往往忽视孩子的情绪变化和心理烦恼，难以走进孩子的心扉；老师则多半关注学生的学习和一般行为表现，不易深入解读到每个孩子的心理变化。而此时最敏感地察觉同伴心理烦恼的，往往是某位与其相好的异性，于是他或她带着“磁场”效力去安抚对方，特别有效。这就好像落水者遇到救生船，是少男少女容易与“知心”的异性产生亲密感，觉得“只有对方最在乎我，最理解我”，两人闪电似的好起来的重要原因。但当对方脱离烦恼之后，不再需要先前那位“救助者”了。因此，带有心理救助性质的异性交往，不可能持久，就像获救者不再依赖救生船一样。这种“心理救助”

性质的异性友情，充当了心理医生或心理辅导员的角色。正因为这样，避免了少年们从一般的情绪困扰转而成为心理障碍，也可预防心理障碍发展成为心理疾病。作为父母和老师，真是应该对少男少女之间这种志愿者式的心理救助充满感激之情。千万不应以“搞对象”之类的心理暗示造成这种本应是短暂的情谊被强化为长久的心理依赖甚至终身的承诺，那反而会束缚或误导了当事人。

由于大众媒体（电视或网络）展示的男女关系往往是成年男女之间的情爱或性爱，大多带有谈婚论嫁的性质，而很少有媒体节目对少男少女之间那种友情关系做出恰当的展示和解释，或者解释的难度较大，难以把握，因此，青春期的孩子们在交异性朋友时也模仿成年男女的那种风格、语言、行为。他们说不清这个阶段的异性交往是友情、爱情、心理需求抑或是生理和外表的相互吸引，也不能准确地分辨自己与对方之间究竟属于好感、喜欢、欣赏、同情、依赖等等复杂感情中的哪一种，父母对孩子的异性交往及早进行点拨和疏导就很有意义。

世界上几乎所有国家都规定了青年人多大年纪可以结婚，但没有一个国家有恋爱年龄的规定。由于每个人的生理和心理成熟早晚不同、健康状况不同、生活机遇不同，接受外界刺激的情况也不同，究竟在何时何地萌生“恋情”，绝对是因人而异的。古今中外，“青梅竹马”的爱情乃至婚姻都不罕见。今日少男少女，性成熟的提前和媒体刺激的加剧，以及社会观念的开放、成年男女的爱情示范，都使青春之恋随处可见。

如今少男少女的初恋，大多来自生理上的早熟，肉体的欲望与精神上的爱情往往不能同时燃烧。当精神和理性觉醒之后，他们才意识到当初的爱是那样肤浅、幼稚，加之彼此的缺陷得以暴露，或无力调节某些矛盾，很难相互接纳，等等，于是，当初那种生理欲望也随之减弱，心理日见疏远，分手就几乎成了必然。仔细观察少男少女们的初恋，大多难以坚持长久。“来得容易去得快”，是不成熟的爱情或者称“练习式”的爱情共同的特征。

尽管如此，初恋的感觉仍旧令人回味无穷甚至刻骨铭心。为什么？也许因为这是一种“未能完成的”“不成功的”事件，更使人难以忘怀，这就是所谓的“契可尼效应”。西方心理学家契可尼做了许多有趣的试验，发现一般人对已完成了的、已有结果的事情极易忘怀，而对中断了的、未完成的、未达目标的事情却总是记忆犹新。未获成果的初恋中的美好时辰和景象，大多深深地印入恋人的脑海，使他们在一生中都难以忘却。而这正是父母最最担心的，他们害怕这种汹涌的情感占据了你们的时间和精力，所以要严阵以待，把可能导致这种情感的苗头扼杀在萌芽状态。因此，父母的这份惊慌，也是出于保护，虽然是过度反应，相信你也能理解吧？

另外，希望你不要对更年期贴上不好的标签，特别是与青春期较劲的意识，无论哪一个时期，都是正常的、顺其自然的，国人对于青春期与更年期的标识性态度不那么科学，不大体现爱与关切。

单单相思　日日风雨

成成：

他上讲台擦黑板的时候，班里响起了阵阵呼哨——不知有多少女生注意着他，他那么帅，成绩那么好，特别是那一脸的阳光和微笑！但是，我觉得没有一个人像我这样懂他。他很优秀，他的父亲要求他更优秀，他的母亲防范他周围所有的干扰，不仅包括女生，甚至男生。他也孤独，总是被夹持着喘不过气。这个是我和他简单有限的交谈得知的，也能从他的眼角眉梢读出来。他似乎也在回应我对他的理解。因此，我陷入了他对我格外的关注的期待，总是找机会验证这种感觉，见他的时候提心吊胆，那么多人围着他，我是只丑小鸭；见不到他的时候，满脑子都是他，胡思乱想。看书看不进去，一会儿想写封信，一会儿读读心理学的解释，真是日日难过。这是我的爱，还是我的单相思？帮帮我！

陷落的铿锵玫瑰

铿锵玫瑰：

我很喜欢你的名字，其中包含了现代女性硬朗的一面，虽然，你所表述的感情，那么柔软。

你可以判断一下，是否陷入爱情。爱上一个人据说有 7 个征兆：

1. 当你正在忙时，却也一直等着她 / 他的短信，你已经爱上她 / 他了。

2. 如果你喜欢和她 / 他两个人单独漫步，你已经爱上她 / 他了。

3. 当你和她 / 他在一起时，你会假装不注意她 / 他，但是当她 / 他离开你的视线时，你会急着寻找她 / 他，你已经爱上她了。

4. 当她 / 他受伤或生病时，你会很关心她 / 他，替她 / 他着急，你已经爱上她 / 他了。

5. 当她 / 他和别人要好时，你会感到食不知味，你已经爱上她 / 他了。

6. 当你看到她 / 他那甜美的笑时，你的嘴角会扬起一丝得意的笑，你已经爱上她 / 他了。

7. 当你看到以上内容时，心里想到某个人……你已经爱上她 / 他了。

很难解释少男少女之间这样的感觉来自何方。医学专家认为，这是多巴胺、去甲肾上腺素和血液中的复合胺共同作用的结果。但我更愿意相信它来自现代人无法解释的心灵磁场或灵魂暗道。

然而爱情并非一帆风顺，相遇、相知、相恋那么偶然，一旦哪一点阴差阳错，就失之交臂。尤其普遍的是，更多的是一厢情愿，单相思在你们这个年龄尤为普遍。但你要记得，你是在这个特定的年龄，仰望爱情，而不是实际的……实践。

心理专家这样解释，单相思即单恋，是一方对另一方的一厢情愿和热爱为特点，甚至知道对方不爱自己还要一味追求。单相思往往会出现关注、幻想、错觉等心理倾向。单恋分无感单恋和有感单恋。无感单恋，是对方并不知道你在爱他（她）。常发生在性格内向的人身上，爱对方却又觉得高不可攀，只好把感情深藏在心中，自我折磨或自我陶醉着，即暗恋。

作家曾这样描述暗恋："我常觉得这个世界上最真挚、最洁净、最让人心酸的情感就是暗恋，默默地关注一个人，静静地期盼一份可能永远也不会降临的感情，不想让对方知道，也不想对世人公布。在深邃的月光下，看得见对方若隐若现的身影，却摸不到对方飘动的衣袂，闻得着对方身上淡淡的香味，却不去依偎对方温暖的胸怀，这是怎样的一种情感沧桑？这正如一句话说的那样：世界上最远的距离就是我站在你面前，你却不知道我爱你。暗恋者创造着一切与理想情人接近的机会，见到对方时，兴奋异常，见不到对方时，情绪沮丧，对方的一举一动、一颦一笑都牵动着他们的心。”——是不是如你的感觉？

无论是单相思或者暗恋，都是盲目的。我的一位女友英语不好，在大学入学之初，就因为听到一位男生随口喊出一个句子，就相信对方一定是英语学霸，但事实上他的英语跟她差不多，根本不足以带她实现漂洋过海的梦想；一个男生很轻易将温柔的形象“投射”到一个细声细气的姑娘身上，可实际上她很执拗，动辄翻脸……处于青春期的中学生们青涩的暗恋背后都具备几个共同的特征：①单纯性。都抱着单纯的思想，想引起心仪对象的注意。②朦胧性。对暗恋对象的感觉是朦胧的，一方面很好奇对方对自己的感觉，一方面又害怕知道，这种朦胧感容易导致一些少男少女把对某个异性的好感当成爱情，开始眉目传情，其实，这种好感还不是真正的爱情。真正的爱不仅是缘分，是宽容，是牺牲，是体谅，更是一种责任和义务。说它朦胧，是因为处在青春期的少男少女们，还没有懂得什么叫真正的爱。③矛盾性。处在暗恋状态的少男少女内心都很困惑，一方面希望自己能一心一意把精力放在学习上，另一方面脑海中又总是浮现出他（她）的身影，希望借此转移学习的强大压力，在这种矛盾的同时，暗恋中的中学生很希望将自己心中的这份感觉告诉对方，又害怕对方知道后拒绝自己、丧失自尊，不跟同学、老师、自己的亲人交流，把这份感觉深深埋在心底，希望能随着时间的逝去，逐渐淡却。你更像是仰慕型，仰慕对方的才能、风度、成绩、外貌等，而难以摆脱痴心梦想；同时又属于多情型，偶然间对方朝自己看一眼或回眸一笑，就以为有意于己。

对于这种“剪不断，理还乱”的单相思，正确地走出来的方法应该是：

一、要分清“爱情”和“友谊”的界限。“爱情错觉”的产生往往是自己爱上对方，而对方也从言行上表示出好感的趋势时才会产生，但对方的好感，也仅仅是好感，或者一种友谊的表现。虽然好感和友谊在一定条件下能发展为爱情，但它绝不是爱情本身。

二、要给自己的“感觉”打问号。心理学家认为，感觉只是人们认识客观事物中的一种初级形式，它所反映的只是事物的个别属性，因此往往会对事物产生不正确的反映。产生在“感觉”基础上的“爱情”只是一种感觉感情，与真正的理性的爱情不可同日而论。所以，当感觉到某一位异性同学的温情时，一定要多问个“为什么”，进行冷静的思考，切莫过分相信自己的感觉。

三、要能够急流勇退。一旦发现自己陷入单恋的境地，就应该毫不迟疑地打消这爱情上的“海市蜃楼”，尽快地摆脱自己编织的虚幻的情网，借助理智的力量，获得感情上的解放。如果对对方一见钟情，爱之若狂，并且觉得对方也很爱你，但很快又发现事实并非如此，就要能够急流勇退，牢牢地握住感情的舵，尽可能减少或避免与对方的接触，克服虚荣心理和由对方冷淡而造成的自卑感。

四、倾吐心中的忧郁。单恋之苦闷在心里愁肠百结，就会百病丛生。所以，当感到困惑或者痛苦的时候，可把单恋的缘由、经过、幻想和苦闷，向老师、家长或最知心的朋友尽情倾吐，听听他们的评说、劝慰。但切忌逢人便讲，不看对象信口开河，因为这样只能惹来麻烦，徒增烦恼。

五、转移注意力。要拿出信心和勇气，与自己的软弱感情做斗争。安排时间紧凑、活动多元，那么就会无暇再琢磨扑朔迷离的感情，开拓一个真实有力的支撑。因为一个人或者一个影子，你看不到一个更大的世界，这或许是一个必经的过程。但是要相信“山重水复疑无路，柳暗花明又一村”。经过这个节点，走向阳光开阔，并拥有顺其自然的智慧。单单相思，总会成为淡淡相思；日日风雨，终会修炼为日日淡定。铿锵玫瑰，自信自主才是你的光芒和力量！

性的困惑

“性趣”＝罪过？

成成：

从小学五年级开始，我的个子就一下子蹿出去老高，初中的女孩子，可是已经 1 米 68 了。长着一张娃娃脸的我喜欢玩的还是娃娃，但是逐渐发现有不少高年级的男孩子注意我，甚至喊我“嫩模”“芭比娃娃”。我自己也心猿意马。听姥姥讲过，“女娃越大越不行”，因为心乱了，确实他们汗津津地走近我，心慌得厉害！听过妈妈警告不许跟男孩子接近，因为被招惹后吃亏的总是女孩。我偷偷看关于身体发育的图片、女孩子思维的特点，有一次试着穿妈妈的塑身内衣，被她发现了，很鄙夷的样子，好像她生了一个不争气的怪物。我就是想知道两性是怎么回事。我们一定是因为爱才来到这个世界的，这不是什么见不得人的丑事吧？男孩子这个时候怎么想？怎么相处？这点“性趣”就是罪过？

小可

小可：

当接到你那封求助信时，也刚好听说我的侄儿被光屁股从卫生间揪出来“批斗”：因为他躲在卫生间看“成人画片”实在很长时间了，尽管这些资料来源于其父母。他的父母还连连责怪自己没把这些东西藏好，我问：这是见不得人的东西吗？他的父母答曰：我们勉强可见得，孩子可万万见不得。你在信中说自己心猿意马，脑海中老是纠缠着几个男同学的身影，担心这样下去后果不堪设想，甚至联想到这是“女娃越大越不行”这个说法的根由。小可，你是个多么懂事自觉勇于担起自己责任的好孩子！因此对于你在信中所述这个“恶魔”，我实在想把它抓起来好好提审、收拾一番。在我的青少年时期，确实它也没少给我“添乱”。

歌德他老人家说：哪个少男不善钟情，哪个少女不善怀春。钟情和怀春都是以异性为目标的，它的指向是“性”。我们的祖先曾经以“性”的活动及生殖器官为图腾，舞蹈的起源也与性有着千丝万缕的联系。可见性不是洪水猛兽，人之初，“性”本善。在印度的许多神庙中高高矗立的油黑发亮的石柱，那象征着男性的生殖器。据考证，佛教寺庙中建造的塔是男性生殖器的变体。古希腊是一个性自由的社会，认为性活动像游戏和运动一样平常。在现代的建筑中讲究和谐搭配时仍沿用着两性的构造或理念，不信你看看建筑群的主附结构，甚至某些名山上的一些石雕。人类在这方面曾经很本真朴实和外露，人性即自然。后来人性逐渐被压抑，即使到了你们现在的全方位声讯时空、全开放动感地带，没想到初涉“性”趣，也要遭受外部的劈头盖脸的风暴和内心的自责纠缠，这实在是件落伍的事。

大人们为什么要把一件原本自然的事如此秘密地遮掩起来呢？当小孩子问父母自己是从哪儿来的，有的父母说是从城墙根儿捡来的，有说从胳肢窝里钻出来的，德国人也说是獾鸟携着婴儿的摇篮飞过来的，好像从来没有人考虑到这样的假说所形成的心理后果。其实这样做的后果起码有两个：一是孩子会缺乏安全感，我在童年蒙昧的时候，特别是做错了事遭到父母斥责时，常常会想象父母会把我赶回寒风凛冽的远山，因为据说我就是从那里被发现是个好孩子才抱回来的，很长时间我无法确认父母是否真的爱我，或者即使爱我也是因为我是好孩子，而并非就是我自己。二是父母已经把人的来源作为一种禁忌甚或羞耻的事，所以当我们开始思慕异性时才有了“罪恶”的意识，按照心理学的解释这样做害处远不止这些，因为童年的经历和情感是贯穿一个人一生的品格基础。德国的孩子在幼儿园时就有“性教育”，一个小孩子这样告诉他的妈妈说：你知道人，包括你、我是怎么来的吗？我给你讲讲吧。于是孩子拿起了男女生殖器的拼图，并且告诉妈妈，她的子宫是他最初的摇篮，他曾是来源于父爱与激情的那么一小点点，“只因为我是跑得最快的，我赢了，所以我来到了你们中间，我是最棒的”。我喜欢这样自信和无忧无虑的开始，你呢？——我们是以自己的独一无二顺其自然地活着的。

在你这个年龄，男孩子也在探究异性的世界，正像我讲的看画片的侄儿一样。可喜的是，现在你们能够看到很温暖、很幽默的图片，包括心理的调适、生理的解释，还有安全和常识。比如有家很有治愈色彩的网站，就有很多贴心的图画。比如例假来了，“心情不爽”——讲述心理波动；“你与芭比比三围”，就是讲身体发育的。不过，同时你也要注意这样的讲解不是很全面深入。不过，浅浅的内容笑着一翻而过，淡淡的暖意在心头，也是一个选择。

看起来由于你出类拔萃的个头，像“芭比”一样的样貌，已经开始被人“招惹”，难怪你的妈妈紧张、你分心。但是与其压制，还不如把该讲清楚的讲清楚，不神秘就不会偷偷探究了。“女娃越大越不行”是很久远的说法啦。现在连工科院校都男女参半，其他高等院校，特别是文科、师范、艺术类简直就是女儿国了，这已经说明女子并非不如男啊！倒是教育方面应该警醒，是不是我们的选拔制度更趋向于考记忆力、倾向于听话的女孩子，因此漏掉了更多的男孩子？

小可，以上所述，看来你就不该困惑了。当青春伴着骚动来临，祝福自己吧，一个更加多彩和完整的世界将自自然然展开在你的面前，你要做好的是选择，你要修炼的是自身的完善和承担这个完整世界的力量。纷乱的时候需要更潜心地倾听，躁动的季节锤炼人性的深度，给自己天空的高度、海洋的深度，在这样广阔的体系中，不太在意零零星星的烦恼，而是沉静地遨游于文明，懂得自己、自然、社会，渐渐学会欣赏和尊重别人的感情，处置自己的情绪，欣赏自我，逐渐成长和完善。

善待“性”趣，顺其自然；珍惜青春，人生美丽。

以正心诚意的态度学习关于性

成成：

我想，关于性，是我们这个年龄段的一个重要问题，对于家长的沉默不言、老师的顾及不到，很多同学却勇于探索，比如，现在网络上随处可见的色情图片、激情视频，甚至私下传看的黄色光碟。我想接受更加正面的、有意义的知识和价值观，您有什么建议？

浩然

浩然：

你说的是一个事实。首先不能把黄色光碟当成性教材。我国著名的性研究专家潘绥铭在他的研究中对色情光碟的危害做了深入剖析，指出了色情光碟的几大危害：

1. 它不是科教片，是商品，目的是为了赚钱，必然会夸大或扭曲人类的性行为，传递错误或荒谬的性信息。

2. 色情光碟会使人把对方物体化，通过剥夺语言交流来剥夺人类的情感交流，把人际关系的无限丰富内容，简单化为生物性的交媾。

3. 各种色情物品都可能诱发性梦幻，而色情光碟所诱发的往往最具体、最形象化、最容易使人误以为是一种美。因此，人们最容易沉溺其中。

人口学研究表明，20 世纪的 100 年间，每过 25 年少男少女的性成熟提前 1 年，20 世纪初性成熟是十六七岁，世纪末的时候已经提前到十二三岁。另一方面，青年人选择结婚的年龄则大大推迟。世纪初的时候是 20 岁左右，世纪末已达到 26 岁以上，随着城市婚姻观念的改变，很多人甚至当婚不婚、当嫁不嫁。专家们把从性成熟到结婚的这一段时间称为"性待业期"。显然，目前人们的"性待业期"已达到 10 年甚至更长。因此，如你所讲，有一段勇于探索的时期，对应于老师和家长心照不宣的"不讲"，是发育使然、成长使然，但是却容易将一个正心诚意解决的问题扭曲，尤其要说明的是：一个逐渐独立自主的少年，要做欲望的主人。

英国著名动物学家、人类行为学家德斯蒙德·莫里斯在《亲密行为》一书中说："任何动物的求偶形式都可以归纳成某种典型过程，人类的恋爱过程当然也不例外。我们可以将人的这一过程分为 12 个阶段：眼对身、眼对眼、话对话、手对手、臂对肩、臂对腰、嘴对嘴、手对手、嘴对乳房、手对生殖器、生殖器对生殖器……"莫里斯认为，"最后阶段的动作（即性交阶段）也就使整个恋爱过程展现出全新的一面。"

一般说来，当一对恋人由相知相爱到激情性交，会对彼此产生巨大的影响，使他们更加珍惜和爱护对方，更坚定地履行自己的责任。诚如莫里斯所言："前面各个阶段都有助于使两人的感情联系更紧密一些，但是这最后的交媾行为，在生物学意义上来讲，显然是早先的那些亲密行为发生了效果从而使感情联系得以凝固的产物。所以当一对恋人因兴奋之极而最后导致性交活动之后，他们便会希望彼此永不分离。"即使处于欲望的洪流之中，也要把握自己，要有自己的价值判断。

对应于客观现实，了解避孕的基本知识，也是加强保护的重要方面。

不论是男孩还是女孩都应该对自己生活中可能发生的一些事情拥有知情权，而且要明白，这是一些再普通不过的生活常识，不要用很特别的或不自然的态度去面对这些知识。

有家长讲述，现在电视里很多剧情已经使儿童都知道：那女的吐了，哦，她怀孕了。如果剧情拖延，孩子奶声奶气地说：装什么傻？你干的！

需要说明的是，我们面对的是一个令人不安的环境。某报道说，在我国的 1.37 亿网民中，有 2300 万是 18 岁以下的未成年人，其中有 46% 的未成年人经常光顾色情网站，一些青少年因沉迷于网络色情信息，最终走上了违法犯罪的道路。另一组数字同样惊人：目前境外淫秽色情网站有十几万个，与色情有关的网页达 2.6 亿个。境内淫秽色情网站有 700 多个，与色情有关的网页上万个。据了解，有些青少年是主动进入色情网站，也有些青少年是无意中进入了色情网站。还有一些色情淫秽的网页是"自己"跳到网民面前的。北京市海淀区人民法院少年法庭的一次随机调查显示，100 名在押少年犯中，61% 的人经常浏览色情网站。专家分析认为，网络淫秽色情内容可能导致青少年犯罪，或者使之丧志，损毁其身心健康，但这些危害还是表层的，深层危害还在于会造成未成年人性意识的偏差，造成信仰和人格上的缺失，而这种偏差会给还没有成熟的孩子带来一生的痛苦——涉世未深的青少年已成为色情网站最为脆弱也是最大的受害者。全力围剿网络色情、净化网络空间，已是刻不容缓。很多专家呼吁，我国在互联网安全方面，应该特别指出不良网站对青少年的危害，借鉴美国防止互联网色情信息侵害未成年人的法律体系，建立完备的保护网。

那么除了网站，光碟是怎么来的呢？尤其要警惕的是涉嫌传播淫秽物品罪，应承担刑事责任。根据我国刑法第三百六十四条第一款、第四款规定：传播淫秽的书刊、影片、音像、图片或者其他淫秽物品，情节严重的，处二年以下有期徒刑、拘役或者管制。向不满十八周岁的未成年人传播淫秽物品的，从重处罚。制作、复制、出版淫秽影碟、软件、录像带二百五十至五百张（盒）以上，淫秽音碟、录音带五百至一千张（盒）以上的，属于情节严重的情节，处十年以上有期徒刑或者无期徒刑，并处罚金或者没收财产。

让我们以正心诚意的态度学习关于性。

科学的性发展观

成成姐姐：

我一直是个乖孩子，不惹事，更不生非的那种。最近，我们班的好多男生背后偷偷看一本小册子，是关于两性的。前几天，有个男同学生日，原来以为一起看电影，却是看了光盘，是关于……性的。那个盘里讲了很多的细节，让人难以忘怀。我还记得那前面的画面是骷髅头。这几天来，我精力不集中，原来模糊的东西现在形成强烈的冲击——骷髅的结局和狂热的性。我害怕。对于性，我们到底该了解多少？到什么程度？有的人居然跃跃欲试，行吗？

尊敬你的乖孩子

乖孩子：

我相信你和很多的同学对于这个生日所看的光盘内容在很多年后还会记忆犹新，因为这样的内容正是你们渴望了解的，而这种光盘的冲击力往往很强。

你们中大多数同学所接受的性教育，主要是一些关于性的基本的知识，比如男人女人不同的生理构造、生殖的原理之类的。因为教科书上的规范内容和光盘差距太大，所以也会无所适从。而从网络得到的性知识，很多具有极强的渲染和冲击性，因此形成的首因效应影响极大。

我们几乎都是在懵懂中成长的，一位学者讲过，人类虽然积累了辉煌的知识，但是对于自己两耳之间的大脑和两腿之间的生殖，这两个最重要的生产单元的了解，远远不够。成成姐姐的一位女同学讲：高中时她在公交车上被露阴癖中年男人蹭来蹭去的时候并不知道这是性骚扰，而且还很奇怪：为什么他的两腿中间还有一根手指头？而成成姐姐在上大学的时候，在北京的公交车上，有位男子好心地帮着拿东西，之后把手在胸前抓来蹭去，也不知该如何是好。

我的意思是，应该尽可能多地、彻底地了解性的知识，但是要尽可能少地尝试。这样，才能自我保护。比如对公交车上的色狼，最简单的可以故意踩他一脚，狠一点的可以用膝盖顶一下，或者直接大喊。其实很多报纸上刊登的“禽兽老师”一再对女学生诱奸、强奸成功，也主要是利用她们对性知识的无知。

1985 年开始，上海进行中学生性教育试点。1986 年，潘绥铭开始在中国人民大学面对大学生开设性社会学选修课，结果他竟被誉为知识分子中的“大流氓”。1988 年 6 月，国家教育委员会和国家计划生育委员会联合发文，在全国推行中学生的青春期教育；20 世纪 90 年代初又把性教育列为九年制义务教育的必学内容之一。但就在 2017 年春节期间，互联网上还在为北京地区一套性教育的教材尺度大小而争执，教育工作者、家长和社会学家站在不同的立场，其中关于同性恋的认可与接纳更是众说纷纭、莫衷一是。

在我们国家，还有一个认识是：性教育会造成性刺激。江苏省中学生心理信息采集分析中心协同南京市下关区人口和计划生育局对全省十二所中学 3500 多名学生做了一次有关青春期性健康教育状况的调查。调查发现，尚有 15% 左右的初中生认为，性教育会造成性刺激，会引发早恋或性行为。这与一些家长的担心不谋而合，他们总是担心，孩子会学以致用、知行合一。

教育专家认为，青少年中出现的性越轨现象绝不是接受了正确性教育而诱发的。正确的性教育是科学的知识，使孩子们理智地知道应该怎样来对待自己的性问题，可是那些色情淫秽内容是故意激起性欲，诱使青少年丧失理智。

调查中还发现，青少年性知识主要来自电视网络、同伴之间的谈论交流或课外书籍，约占 70%；来自学校课程却只占 24.5%。有学生说："我们知道的老师教，我们想知道的老师却不教。"许多学校是抱着"不讲比讲好""出了问题再讲"的观点，即便是唯一能讲到"性"的《生理卫生》课，也是"老师挑着讲，学生偷着看"，甚至把男女学生分开来讲。

美国的一个研究表明，加勒比地区每教会一个青少年学会如何预防意外怀孕，就将节省 235 美元，教会预防艾滋病，平均每人受益达 3.46 万美元。现在我们国家还没有对这些方面的统计和计算，只是很多小报道：××省××市穿着校服做人流的孩子有多小，有多少。不过倒是有社会学家在笼统地说，性教育的不足将会导致高意外怀孕率、未成年人高死亡率、性传播疾病的高发生率，将会让经济发展速度变慢，社会动荡以及性别不平等的进一步加剧。观察这个问题，我们还可以拓展更多的角度。蝴蝶效应是普遍存在的，泰国一直在控制交通事故，修改交规、改善路况、提高罚款额、增加电子眼等很多措施都没有大的影响，可是在 10 点之前电视台禁播酒类广告之后，交通事故却下降了 20%。可见，还是科学的性教育更可取。

破除神秘感，用正常交往、审美培养打破性禁忌是教育部门近几年通行的尝试。集体舞就是之一。集体舞除了锻炼身体之外，最起码能够促进男女生开放的交往，因为很多学生之所以成为情侣是原本他们只是想得到异性的友情。

所以，全社会在积极探索更加科学的性教育，实事求是，科学发展，性能够成为幸福生活的动力，而不当的性禁忌和性泛滥则会阻碍爱的健全、人性的充分发育。

“梦”开始的地方……

成成：

在紧张的学习中，我还是不由自主地到“太虚幻境”那样的地方去了，当然，是在梦里。但是，从此开始，我的身体步入了一条欲望的河流，我打量世界的眼光变了，是由内往外地以一个“男人”的眼光看世界，……长大，困惑，跃跃欲试而又慌乱无助，人，变得复杂了……

和我谈谈这个成长的梦吧！

小萌

小萌：

记得我曾经看过美国影星汤姆·克鲁斯主演的一部电影，电影的内容是：一个小男孩向一个有魔力的游戏机许下了一个愿望，希望自己一夜之间就长大。结果一觉醒来，自己真的就长大了……

我们用这个故事作为讲述的开头，是因为男孩子的成长发育大都是从

图 / 杨亦武

梦中开始的。“梦遗”这个话题对于每个少男来说都是难于启齿的小秘密，在《红楼梦》中贾宝玉梦游太虚幻境的经历就是“梦遗”的文学描写。

从生理角度讲，一般男孩子到了十五六岁时，性器官已经发育成熟，睾丸已能制造精子，精囊里的精子积累多了，受到外界刺激，精液就会流出来，这叫“遗精”。“遗精”的原因，有的是阴茎包皮过长，包皮里的积垢刺激引起的；有的是身体太累，睡后大脑失去控制能力，引起“遗精”；也有的是由于对性问题胡思乱想或做梦，从而引起“遗精”。“遗精”发生在男孩子睡后大脑对性神经中枢失去控制的情况下，所以也称为“梦遗”。

“梦遗”对每一个男孩子来说，在生理学的角度表明你已经成为男人了，已经长大了，是一件可喜的事情。可是，也有一些男孩子由于受了传统的影响，缺乏生理知识，把“梦遗”现象看得很严重，错误地认为精液是人体的精华，害怕“梦遗”会伤了身体的“元气”，影响身体健康，从而产生了焦虑和惊恐不安的心理。其实，大可不必紧张。我们应该学习性生理卫生知识，消除无谓的忧虑和不安。同时，男孩子在平时生活中应该多接触健康的文化，多参加有益的锻炼活动，不要胡思乱想，更不要看一些黄色、不健康的东西，克服过多的色情意念。

说到“梦遗”表明男孩子已经长大了，这只是生理上的状态。在心理上，男孩子们还需要两三年甚至更长的积累过程。就像上面我讲的电影内容一样。剧情的发展到后来是，小男孩一觉醒来发现自己长大了，可是妈妈不认识他，以前的小伙伴不认识他，“长大”的他为了生存只好去找工作，一家玩具制造公司雇用了他。因为他的思维还停留在十三岁，更能了解孩子们需要什么样的玩具，使公司生产的玩具畅销，在公司里他也平步青云，公司老板赏识他，还有一个女人爱上他，但由于他只有十三岁孩子的思维，他接受不了这一切，所以到最后他又想方设法变回十三岁的自己。

在这里我不厌其烦地讲述这一故事的目的是在告诉我的青春期朋友，虽然在生理上你们已经是青年了，但是，心理上你们还需要假以时日去磨炼，去认识和适应社会所赋予你们的责任。对于成人，特别是男性，责任感是最重要的，能够负起责任，才是确定意义的成熟。除了生理的自我渐渐成长，你也需要心理的自我越来越独立、强大，还要找到自己的兴趣、爱好、价值取向与社会的接轨点，从而实现自我。在梦里的“太虚幻境”之后，你得想办法让自己在现实中脚踏实地、顶天立地。

我不是一个坏小孩

成成：

我发现只有书房成为我最“正宗”的生活中心，不然我就有可能变坏。我这么抱怨是因为最近发生了几件事。

那天我学习得都要恶心了，端了水杯走出书房，打算到客厅看会儿电视。可是妈妈看到我来了，很慌张地把电视关了。为什么？我问。爸爸说：这些乱七八糟的片子不值得正经看，你要看，就看中央10套。我却非要弄个究竟，按了“回看”，果然是床上戏，父母也很尴尬，翻到其他频道，连广告也少不了酷男美女，极富挑逗的意味，我对着忧心忡忡的妈妈说：刚刚那叫“色情”，这个初级阶段的广告叫“情色”。您知道吗，妈妈惊得嘴都合不上。

放学回家路过医院，医院门口就有一家性用品店，无论大白天还是夜色低垂，那里赫然的广告词让人发生联想及连锁反应，尤其和女生骑车经过，会快些骑过去，感觉那太赤裸的东西对自己和她们都有不尊重的味道。

饭桌上我们小孩只有听话的份儿，可是大人们却老是讲所谓“荤段子”，还把这类信息发来发去。自从我对妈妈宣言了“情色”的概念，妈妈这时总是干咳示意大家停止，有和蔼的叔叔却对一脸正色的我打趣道：我们的臭小子谈恋爱了吗？听说过情人节，玩送玫瑰花把戏的尽是中学生了，真开放得够呛！

经过大学非常集中的一条街，即使在大白天，也能看到尽情热吻的男女，晚上就更不用说了。听说发达地区的大学校园都装了自动出售避孕套的机器，像买可乐一样方便，这又让我们怎么理解大人们对我们遮掩的“性”？

假如社会到处弥漫着性的气息，散发着性的召唤，那么我们是该钻进书本的安全套中，还是让它在我心里发酵长大直至勇敢地尝试？

我只是思考，其实我并不是充满邪念，我不是一个坏小孩。

剑峰

剑峰同学：

我很喜欢你的坦率和闪现出的思想锋芒，而一个善于思考的人，总是会获得更多的乐趣，体会到作为人的尊严和骄傲。当你的思考具有很好的社会价值时，你个人本身就对社会产生了价值。

你所提到的是整个社会环境中“性”的部分对青少年身心发育和健康的影响。你知道，我们的国度原本是一个谈“性”色变甚至畸形禁欲的国家。很短的时间，我们从凄婉忠贞的神秘时代走出，原以为开放会带来绿洲，不曾想啊，忽然间就好像在情的忠贞、性的含蓄上跌入了荒漠。

在国外，被分级为 A 的色情片也只能侵占成人的卧室，没想到在我国它居然时不时地侵入了客厅，于是全家同看床上戏的尴尬不得不使父母紧握遥控器以捍卫孩子的视野环境。请你相信，父母并不是要把好东西藏起来，而是他们或许还没有充分的把握，过早地接触这类东西对你是否有害？以这样的方式对你打开“性”的面纱是否科学可靠？原来我们讲究的贞操概念中，合理的一点是关于“首因效应”的解释：人们会对自己的第一次印象非常深刻，比如文艺作品中不恰当的表现可能导致你误入歧途的理解，以至在以后的生活中产生挥之不去的影响。好在我们国家也在讨论影视作品的分级，那样就可以使人们在自尊和理智的情况下各取所需了。

即使在美国，性用品店和色情杂志也只能在专门的店里出售，出入人员都有年龄的限制，这些用品店，白天窗帘也是遮掩的，门窗紧闭，持谨慎的态度。而对儿童、少年出售色情资料，是构成犯罪的。我国的电影《卧虎藏龙》在美国播放时，小龙和小虎隐约的性片段也删去了。对特殊的区域进行“特区管理”，对特殊的群体给予一定保护，这是普遍的做法，我们将来也少不了的。正像社会学家指出的那样，未成年人不应受到性方面的不良社会影响。

我曾经看到车站甚至大学区的录像厅旁赤裸裸的告示，完全把人们的兴趣估计在了肚脐眼儿以下的位置。虽然有关部门一再打击，但总是死灰复燃，中国人饱暖思淫欲了，也矫枉过正了。同时一些遗留的东西嫁接成了丑恶的新货色，比如有个售房广告就敢说：寻找二房、三房主人。让人啼笑皆非。

饭桌向来是中国文化最集中的体现地，饭桌上就流露自然的真实，在那里人们撕不掉性别的标签，也在酒精的作用下滑向本能。请你相信，人总是该在本能之上建立和谐的生活，如果总是摆脱不了“本能”的“强迫性思维”，比如用针孔摄像机偷窥猎奇，那样的满足不会带来崇高的持续给人愉悦的审美体验，最终只能是空虚和麻木。

街头的热吻我也见过的。当时就听见有老年“观众”慨叹这样的孩子家长怎么放心让出门在外？我还想起当年在德国有一幅当街热吻的照片极美，那是二战后啊。惹得好多人找摄影师索要肖像权，这里面有个“度”的问题，有社会环境、传统的因素。同是东方文化，你看韩国爱情片里就没有那么多惊心动魄的“情色”，但同样诚挚动人。我想，我们该好好想想自己的文化传统和现代化如何接轨了。尤其在全球化的今天，学别人学得再好，也只能是第二，我们自己的特色在哪里？就像满街“哈韩”的劣质彩发，弄不好就留下皮肤癌的后遗症。

剑锋同学，我毫不担心你走出书房就会变坏。你肯定明白，任何一样东西，你对它珍视，获得时才更加珍惜、有满足感。比如爱情，包括性。有些永恒的东西会引领我们上升，比如美好的道德、贞洁的精神、优雅的人性。

当人拥有许多优秀的品质，成为渐臻完美的人，就会享受到心灵的幸福。当一个人开始关注环境，主动营造更好的环境时，他的作为将和一个更好的世界相联系。成成在去年年底作为党派界别成员提交了一个提案：关于一定时段广播（电视）节目不得含有成人及性广告内容的建议。中心内容是：铺天盖地的广告应有尽有。其中关于梦幻人流、注射丰乳、补肾壮阳的广告和性暗示不绝于耳。这样的“大尺度广告”，对于心理、生理都尚未成熟的孩子们来说，其影响应不容小觑。商业社会，广告“无孔不入”，采取禁播禁演不太现实，但是采取“避峰措施”，分时净化，可以减轻负面影响，建设给予孩子们更加健康的“车载时光”。这个做法可以由新闻出版广电部门和教育部门来共同促进：新闻出版广电部门管内容审核，教育部门负责监督实施。

哈哈，我们想到一起去了，让我们共同努力！

当我们无视地走过……

成成姐姐：

总觉得上生理卫生课讲到的人体以及生殖系统对于在座的少男少女是一件尴尬的事情。老师一笔带过，羞怯的同学轻轻翻过。而我，很想知道……但是，即使在做完作业以后自己悄悄看看，也是插好了门，看的时候脑袋都大了，那么多的名词……我们对身体的了解实在是太少了。

对于自己的身体，我们应该有知情权，应该明察秋毫，特别是青春期这些器官都在变化之中，可是……我是不是想得太多了？

毛毛

毛毛：

你没有危言耸听，讲的全是大实话。有位教育人士这样说过：身体！想来好笑，我们对几亿光年之远的某些星球了如指掌，却对腹部以下的身体结构茫然不知或耻于了解。

耻于了解，这是很典型的中国传统文化的一种教育和思想，也是中国孩子特别是女孩子成长中的一种残酷枷锁。你可能也看到过，在许多强奸案件的侦破中，都要讲到受害女性在阴道里或阴道周围有精子，或是有性传染病的症状，或是受到性侵犯，出现了明显的淤血、撕裂、流血，可见，在性侵害方面女性是弱势群体。

不知应该给这样的现实找出怎样的借口：文化传统或封建思想，这是个模糊的问题。每个女孩成长过程中，各种身体变化纷至沓来，也要面对形形色色的世界，许多的变化会让你忐忑不安，有的遭遇可能会导致一生的阴影与漫长青春期的一蹶不振。如有的女孩有浓重的毛发，夏天遭到嘲笑，就感觉“世界末日”来临；有的女孩不幸长了满脸的青春痘，美好的感觉一下子消失。也有一些女孩，仿佛在变化的灾难中成长，一点不知自己会有一次初潮，好端端正在上课，忽然觉得裙子已经湿了大片，椅子上血迹斑斑，课堂乱作一团。

一边是大人不敢不愿用一种直接、诚实的方式告诉孩子身体的真相，另一边是不明白真相的孩子十几岁就去医院做流产手术。有些人会说：我不认为孩子在这个年纪需要了解性知识，我想让他们保持天真，我希望他们有一个快乐的童年。

对于这种想法，美国儿童性健康教育专家麦格·黑克林却有完全不同的犀利看法。她认为以上的话语表达了一些人对此事的羞耻感，反映出这些成人的孩提时代，性知识肯定是被看作神秘下流的，是只有大人才能知道的事情。可是如果你能像一位科学家那样去想一想，我们生孩子的方式并没有什么可耻的，而要了解我们自己的身体就更没有错了。知识能起到保护青春期少男少女的作用。为什么性骚扰者总会选择一个完全无知的人作为目标？正是因为无知，他或她一般不会告诉别人或难以启齿。父母在这个话题上保持沉默，会让孩子认为这是一个禁忌。一个无知、未受过性教育的孩子是不安全的。尤其在今天比较开放的时代，她或他会因为自己的知识和思想与社会不接轨而难以应对。

中国人口宣传教育中心“青苹果之家”主任张晓纪称，在北京最好的学校里，未成年人发生婚前性行为的比例约为3%。因为孩子所处的环境不同，从好的学校，到中等学校，再到中专，未成年人发生性行为的比例，能涨到30%到40%。面对这样的现实，既然性行为不可禁止，既然性行为低龄化不可避免，我们当下最迫切要做的是对未成年人进行科学的性安全教育，提高他们的避孕常识，减少对他们的身心伤害。

在北欧一些国家，例如瑞典，早于我们几代的父母就已受过良好的性教育，他们能很客观、很开放地谈论性，极少有性问题的包袱，也不像其他人那样可能在性方面受到压抑。而从一些统计数据来看，那儿更少发生性虐待、性骚扰、流产、自杀和青少年怀孕，特别是性传播疾病也更少。

如果没有正常的教育渠道，青春期的困惑会以另外的形式悄悄发生。

成成姐姐特别关心中考的消息，那次在一张报纸上看到了，急忙留下来，细看的时候，才发现整整一个版面，除了这一个消息外，其他全是广告，性病的，人流的，旁边一个五六岁的孩子看着报纸问她的妈妈：什么是性功能障碍啊？这是很可笑的情形，很多大人担心孩子的想法不健康、不纯洁而躲避身体发育的话题，但真正的健康，其实是掌握了科学的知识之后的从容面对。而当我们无视地走过，是孩子们懵懵懂懂的担心，是跌跌撞撞走过的青春期，是无尽的烦恼和危险的摸索……

“暑假结束后，北京到私立医院做人工流产的未成年少女骤增 50% 以上。”造成未成年少女选择私立医院人流的原因可以归纳为三个方面：其一是未成年少女缺乏对身体的保护意识，对安全性行为认识不够，缺乏起码的避孕措施。其二是对人流的危害性认识不足。不少未成年少女轻信所谓的“绿色人流，8 分钟完成”“即做即走，不用住院”的广告宣传，以为人流是小手术，缺乏必要的避孕防范措施。而实际上，人工流产对女性身体健康的危害是多方面的，它会引起多种并发症，包括出血、感染、穿孔、慢性盆腔炎甚至不孕症等，对女性的健康与生育产生极大的副作用。其三是价格因素。殊不知，私立医院的医疗条件与康复手段一般都低于公立医院，不利于少女的术后康复，甚至可能留下后遗症。此外，选择价格更低的药流对少女的身体伤害更大，表面看来，人流只是个小手术，术后 10 分钟后就可以下床行走，但不规范的手术方式与缺乏足够的术后调养，将令曾经做过人流的少女们受害终身。

给青春期孩子们科学的知识、正确的性教育，创设文明的成长环境，这是社会的责任。成成几年前提议在广播、电视节目管理上采取分时净化的方法，即在孩子们上下学的时间段，广播、电视节目中净化掉“梦幻人流”“无痛流产”“勃起障碍”，包括暗示性的“汇仁牌肾宝，他好我也好”的暧昧广告。

而当我们和你们都无视地懵懂走过，那么心底的混乱总是会投射到社会，成为现实的难题，或者成为诱发不幸的根源。

正视科学，可以成长得更美好！

早恋的进化论

成成姐姐：

我很想知道，顺其自然是中国儒家、道家哲学的一个经典，可为什么在少年的恋爱上却如此偏颇？特别是，今天的社会如此宽容，对成年人而言，可以闪婚闪离，2010 年到 2015 年中国离婚的比结婚的多，同居也很普遍，在这样的大环境下，青少年正常的感情发育被死死禁锢，严加防范，关于早恋这个老掉牙的问题，早该进化了，你说是不是？

午后的阳光

午后的阳光：

早恋就是青春期性成熟过程中，两性之间出现的一种过度亲密的互相接近。现在大多称早恋为“交往过密”。少男少女因为性发育开始成熟，本能地产生互相爱慕的情感。有的人表现为独自的单相思，有的人突破了羞涩的束缚，递纸条，约会，互相倾吐爱恋之心，借口学习上互相帮助，形影不离，个别人则还发生进一步的两性接触。青春期青少年容易感情冲动，情绪又不稳定，考虑问题简单，很少顾及后果，这种心理状况使早恋好像天边的浮云一样变幻莫测，早恋者的情绪也会随之波动起伏，彼此之间感情往往反复无常。所以，青少年的家长一般都会闻早恋而色变，特别是处于中考、高考档期的孩子们，早恋肯定会分散他们很多精力，故而更视为洪水猛兽。但是，早恋对不同的人，也是不同的需求和表现。早恋对有些人是天边的浮云，对有些人却是身边躲闪不及的气息，那么什么是早恋的真正原因呢？

这要从人类进化的历史来进行认识。早恋反映了现代人类的性本能活动仍然重复着过去的历史：原始人类的生存环境很不安全，缺少食物，疾病多，生命没有保证，寿命很短，能够存活到性成熟期很不容易。因此在有了生育能力后如果不立即进行繁殖，就可能失去繁衍后代的机会。由此可见青少年早恋的背后隐藏着人类原始的生育本能。事实也正是这样，如果不对青少年的早恋行为进行约束，就会出现大量的少女未婚先孕。20世纪 80 年代美国每年有 100 万少女未婚先孕就是证明。今天，人类文明已经有了重大进步，生活方式也发生了巨大变化。人类寿命普遍延长，儿童和青壮年很少会死亡。随着知识积累的增加和生产技术的复杂化，每个人必须用很长的时间进行学习，才能取得独立谋生的能力，否则就不可能有成家立业和养育后代的资本，因此现代人既没有必要，也不可能像原始人那样，一旦性成熟就立即进行生育后代的活动。

当前人类的性成熟和实际可能生育后代之间，出现了时间上的明显差距。表现为性成熟早，生育活动晚。那么，为什么人类的进化没能跟上这一变化呢？人类如果到 20 岁或 25 岁才开始青春期，早恋问题不就自然解决了吗？我们知道生命进化是一个非常缓慢和复杂的过程，人类的进化历程耗费了几百万年，与这一漫长的生命进化过程相比，人类文明进步的历史只有几千年，近代生活方式因工业化而急剧改变的时间更只有短短的一百多年，人类的体质是不可能在这样短暂的时间内出现生物学上的明显变化的。从生物进化的历史来看，高等动物性成熟年龄越来越迟是一个总的发展趋势。在所有处于进化高级阶段的灵长类动物中，人类的性发育开始最迟，成熟年龄最晚。这个事实反映了随着生命向高级阶段进化，人类保护后代的能力增强，生存活动越来越复杂，从出生到能够独立生活需要学习的时间也就愈加延长，因此性成熟越来越推迟，这是生物进化的规律。近几十年间出现的性成熟年龄提前的现象只是一种遗传基因表达功能的变化，而不是人类遗传特性的本质改变。引起这一非本质变化的原因是物质生活条件改善，营养丰富，知识信息增加，以及其他一些目前还不清楚的环境因素。我们必须正视性成熟和性本能冲动在少年心理和行为上产生影响的事实，只要能清醒地认识“交往过密”的实质，善于疏导，就能获得进一步的社会期待。因为，人，是自然的洪流，人，也必须去适应现实的世界。一个还没有自立、自主的少年以人的本能去发展和异性的感情，在现实中确实是没有持续下去的基础，两个人以及由此带来的后果将成为社会负担。社会提倡更加合理、理性的婚恋时段及结构都有价值。就是说，一个负责任的现代公民，不仅在生理上顺其自然，而且在社会角色上也是建设性的。我以为，这才是早恋的进化论。至于为什么早恋对有些人那么紧迫，有些人还像没那么回事，我想这是因为不同个体对遗传及外部环境的适应有很大的个体差异，那么理解和宽容就更加必要了。

你讲到社会的宽容，是呀，现在的婚姻不像以前那么坚固了，闪婚闪离的不少，但是闪离往往是因为闪婚，没有人愿意如此付出情感上的代价。同居也多了，但是这种边缘化的生存生活状态多少让人不踏实，特别是女性，而且对后代的成长没有好处。现象很多，需要人们更加明智的价值判断，在向幸福迈进的途中，我们最终选定的，必然伴随着真正具有价值的恒久持续的文明，那样，我们才能因自己作为一个高等的人类而高贵自信。

在青春期的进程里，把性置于感情之下是青春期教育的重要课题之一。这个课题有时候是让人难以忍受的，它要求少年们首先做的是从这一行为中得到有益的感情收获。至于生理的愉悦，不管它有多重要，它与有益的感情收获不完全是一回事。

有一位少年提出，爱情对于大多数青春期的男孩女孩来说不过是场游戏，那么需不需要责任？回答仿佛十分简单，即便是游戏，也是应当讲游戏规则的，何况爱情从来就不是游戏，凡以游戏方式对待爱情的人，必定会被爱情所抛弃。

现实环境的诱导会促使青少年更倾向于行动，而懒于思考。思考往往留于内心不宜过早实施，才有助于情感的成熟。

但是，在浮躁的当下，很多青少年把发生性行为当成自己成熟的标志，这有很大的误会。当专家研究青少年实际经历了什么，即通过有质量的谈话仔细观察时，我们就会发现这种性经验的性质和它所带来的后果：促使他们这样做的往往是好奇心，而不是真正对爱的渴望。他们需要温暖或是需要关心，希望有人能用臂膀环住他们，希望享受两个裸体皮肤相触的感觉，并不是真正想要性交。实质性深入的两性关系注定会影响人的一生，影响对异性及爱情、婚姻的判断，因此，我们尤其倡导审慎的态度和质量较高的起点。

青少年时期是一个困难的时期，因为双重的成熟正在进行着：感情的成熟和性的成熟。一些权威的调查显示，这个时期的你们更需要爱和被爱。因此社会应该给予你们更加优美和谐的环境，父母及家庭给予更多美好生动的示范，潜移默化，这样才能进入真正的“爱的进化论”。

事实面前，我们的理智与爱

成成姐姐：

青春期这段时间，我们对异性及性产生好奇心，容易产生想尝试的心理。我觉得性教育这件事比别的事都重要一些，它影响深远。人的一生注定要在两性世界中度过，因此要学会如何处理好两性之间的关系，适应相应的社会规范，人就必须与异性去交往而非隔离。

在看了《藏在书包里的玫瑰》后，很多家长傻眼了，其实付出最多的还是那些独自探索的孩子，他们中有一些人永远都可能回不到正常的人生中来，这个伤痛是滴血的。对不对？

悠悠

悠悠：

如你所说，我们国家目前的性教育还处在模糊和摸索的阶段。就拿教科书来说，一阵子有“尺度大了”的尘嚣，其实孩子们在网上浏览的早已超出那个“尺度”。前一段女生节即三月七日，有一个挂在校园的标语刷新了家长及社会惊愕的表情：“春风十里，不如睡你。”还有某高中的男生给女同学下春药，被曝光之后还蛮委屈的样子。有专家发言：学校教育、家庭教育和社会教育在青春期性教育上的缺位所造成的恶果之一就是我们社会的大多数男生，尤其已经是高中和高校的男生，缺乏起码的性教养。他们根本就意识不到一些“恶作剧”就是性犯罪，一些性调侃的横幅就是赤裸裸的性骚扰。而他们踏进社会，就构成整个社会“直男癌”遍地的所谓主流文化。

与此关联的信息还有，《中国青年报》曾刊登过某机构的调查，结果显示：只有半数学生听说过性病或艾滋病的传播途径；仅 5% ~ 20% 的学生了解有关怀孕和避孕的一般知识；有 1/5 ~ 1/3 的青年人认为性是个人的私事，与他人和社会无关。中学生里异性性行为报告比例一般在 5%。研究还表明，约 40% ~ 60% 做过人工流产的少女不了解避孕知识。在全球范围内，进行流产的人中有 50% 是青少年，每分钟有 10 名少女进行不安全流产，对于 15 岁以下的少女，死于因为生育和怀孕引发并发症的危险是 25 岁以上年轻妇女的 25 倍。某医院跟踪近年六、七两个月人流手术者近 400 人，其中 1/3 是 22 岁以下的学生妹。而同时，正如《藏在书包里的玫瑰》一书举例说明，在发生性关系的 13 位中学生中，至少有以下 5 个事实：

1. 半数以上是师生公认的好学生。

2. 1/3 来自重点中学甚至是名声显赫的学校。

3. 他们初次性交时 100% 不用安全套。

4. 他们有过性交经历的事实，而父母与教师 100% 不知道。

5. 他们对学校与家庭的性教育 100% 不满意。

不仅如此，有些女孩子在稀里糊涂发生性关系之后，后悔莫及。直到考入大学，她们还万分自卑，说已经那样了，再去做“鸡”也无所谓了。

著名作家毕淑敏谈过以上事实，她用了四个字表达自己的感受：“滴血之感。”是的，青春的生命在滴血！父母与教师的爱心在滴血！毕淑敏曾多次参加过国际组织举办的预防艾滋病的研讨会。大家都知道，与性病或艾滋病患者发生性关系，如果不用安全套，是极其危险的。中国目前已有艾滋病患者近百万人，并有迅猛增长之势。据说，一个艾滋病患者的每年治疗费用在 10 万元以上。可悲的是，那些少男少女并不了解对方的性经历，有些还是结交相知甚少的成年人，他们一时冲动，便以花季的生命去赌欲望之博。

孩子们对我国性教育的看法是：比素质教育还差！据一些调查结果显示，中学生对学校的性教育 100% 感到不满意，他们普遍认为跟家长谈论性问题“既老土又尴尬”。——这是我们面对的现实。

一般认为，家长和老师是孩子性教育的启蒙老师，他们的观念直接影响着孩子，但是我们社会这个阶段的家长本身就没有接受过完整而科学的性教育，他们囿于传统，又不会轻易将自己的经历和感觉交代给孩子。

面对社会转型期的某些性泛滥的现状，当学校要普及性知识以及避孕知识的时候，家长们马上激烈地反对；而当某个社会机构开设少女怀孕“救助热线门诊”的时候，家长跟学校立刻就紧张起来，认为这是对未成年人发出的错误信号。一次又一次，成人犹如鸵鸟，当问题出现的时候就把头深深地埋进沙子中，自欺欺人。于是，也就有了这么多张无助而惶惑的脸，也就有了一对对面带稚气却行为成熟的情侣。

报道不乏，呐喊也在持续，可是要真正解决问题，还是只有当整个社会能够从沙石中勇敢地抬起头来时，才能够真正地思考、规划我们的行动。社会如果能够给予青春期少年一个宽松的科学的环境，那么，这些青春期的少男少女们的感情也就可以有了一个正常的释放和寄托，而这个阶段的爱也会有了一个良好的开端；反之，爱就只能成为空谈。

据武汉市计生协在武昌区 10 ~ 24 岁青少年中所做的调查显示，青少年最希望获得的青春期知识依次是：

1. 与异性交往的礼仪和方式的知识。

2. 有关青春期生理卫生知识。

3. 性病防治知识。

4. 性的生理发育知识。

5. 避孕知识。

6. 关于什么是爱情的知识。

7. 有关性行为的知识。

8. 正确对待性冲动的知识。

在事实面前，我们应该拿出理智与爱，正确地对待性、对待感情。《书包里的玫瑰》说出了一些事实，应该引起我们足够的重视，在性教育还远未到位的情形下，成成姐姐只能嘱咐大家：谨慎一些、保守一点，慢慢来，淡淡喜欢浅浅爱，让我们的心灵发育跟得上我们追爱的脚步！

性骚扰不可忽视

成成姐姐：

对于自己长成的身体，一定程度而言也是一个负担，比如，在公共汽车上，有盯着你胸部看的怪男人，还有在你身后趁汽车拐弯就蹭一蹭的无聊男人，还有一次呢，我们班的班花她的腰在下车的时候被一个可以做她爷爷的老男人抱着了，那人是“帮助”她下车的。走在马路上，穿得稍微漂亮一点，引来那些男子呼哨声，之后一片不怀好意的笑声……骑车千万不能穿裙子，有些人就“圪蹴”（蹲）在马路牙子边，歪着头往裙子里面瞅……

我们该怎么面对这样的骚扰？

米米

米米：

性骚扰是每个少女在成长过程中都可能碰到的问题，甚至有些男孩也会遭遇，因为这个世界本身就是一个两性世界，物质的东西肯定会发挥作用，这是客观。随着中国成为一个开放的国度，这些现象会更多地浮出水面，由原来的隐蔽变成显象。特别是在网络空间，那种赤裸裸的性表达甚至成为暴力。对于未成年人而言，目前许多网游及聊天的界面都具有很强的刺激性。

性骚扰可能会有许多的形式，取决于这种行为对方是否乐于接受。性骚扰不总是故意的，以下行为都属于性骚扰：言语上的性骚扰，比如，带有性色彩和性暗示的言论，嘲笑别人，模仿别人的口音，向别人调情（性邀请），传播谣言，猥亵的电话，未经同意的信件、传真或电子邮件，反复的不受欢迎的邀请，侮辱性的玩笑，反复追问关于个人生活或者性活动的问题，威胁或侮辱、使用不适合在工作场合使用的语言，叫外号，带有性意味的不受欢迎的绰号，比如，大屁股小姐、大咪咪美女、小腰精等。

非言语形式的性骚扰包括如下内容：①提出性方面的建议，在电脑桌面、屏幕保护、电子邮件里张贴侮辱性的下流的东西，通过电脑、传真或电子邮件发送具有侮辱性的东西。②带有暗示的表情、眼神、侮辱性的手势或姿势，不受欢迎的玩笑，表露和倡导男性至上的卡通画及影射别人的文学作品。③侵犯他人的个人空间，比如，无必要地倚靠别人的身体。④没必要的肉体接触，比如，掐、拍、擦过别人的身体；违背别人的意愿与之接触、亲吻、拥抱；下流的带有性侮辱或侮辱企图的推、挤、撞；装作付钱，把手或东西放入别人的口袋，特别是伸到别人的胸部、臀部或后裤兜。⑤性骚扰的另一些形式也可以是犯罪性的攻击，比如，通过邮件邮寄淫秽物品，打下流电话，企图进行下流的攻击。

少女在生活中遇到性骚扰，切切不可由于胆小怕事，而容忍事件的持续发生，应该严厉予以制止。如果对方行为过于明显，或对提醒不予理睬时，需要立即告诉老师或家长，通过正常渠道解决。如果在公共场合遇到他人的性骚扰，应大声呵斥，并向周围的行人或警察求援。

要学会保护自己，女生有五要：要举止端庄得体；要理智谢绝异性的不当爱慕和追求；要拒绝任何金钱物质的引诱；要识别抵制异性的挑逗；要分辨学生适宜和不适宜的场所。

少女尤其要建立自我保护意识，不论出门前多么匆忙，都应该告诉家人、室友或好朋友，自己的目的地、与谁有约、预定归来的时间等，并尽量避免一个人夜行独走僻路夜路。当陌生人与你搭讪，特别夸赞你时，应提高警惕。陌生人问路时，口头告诉即可，不必亲自带路。

一旦在路上发现有人跟踪，赶快找附近商店或可靠的住家求援，或打电话回家要求家人来接你。

尽量不要太晚回家，如果非得很晚才回家不可，应请男同学送你一程，或请家人前来接你。

假如夜晚需搭乘出租车时，应该暗中记下车号，如果发现司机有异常眼光时，可先开玩笑地告诉他：“你的车号是×××××，很吉利呀！”表示你已知道他的信息，如此可预先防止他的不良之心。

如果万一被强暴了，最重要的是立即“寻求协助”，包括去医院检查内伤与外伤，查明是否感染（性病或艾滋病），服用事后避孕药，接受心理康复等，而不是跑回家哭泣。被强暴不是你的错，不要把所有的过失都交给自己承担。虽是不幸的，但你有权不让这种不幸蔓延。

对在公共汽车上盯着自己的目光，要回报以鄙视，转移到安全的位置或就近下车；对那种借公交车拥挤占便宜的男子，建议你向周围的女性求援，一般都会得到庇护，也可以学点女子防身术，比如用膝盖顶住对方，趁对方压过来突然闪开……尤其要防备年龄较大不规矩的男子，遇有不轨，赶紧躲开，必要时用书包隔离形成距离。夏天穿着单薄时、骑车时，尤其要谨慎走光和运动时候的滑脱，日常穿着以校服为佳，节假日以运动、休闲服为主，时尚服装的品位以端庄、优雅为导向，这既美丽而优雅，也是安全的需要。

也许这只是常识

成成姐姐：

自从步入初中以来，妈妈就变成了监视我的“老母鸡”。也许是她们对早恋太敏感了，也许是由于小学五年级开始，班主任就给家长发过短信，要求逐一报告孩子放学回家的时间。从那时，妈妈们就意识到孩子长大了，男女生之间的交往不单纯了，需要加以防范。可是，同时，我却发现就在学校周围的小吃店里，手里夹着香烟、着装奇异的女孩子被男孩子们围着。还有一次，我和妈妈走在几个时髦的男女后面，一个女孩猛然飞起一脚，踢在旁边一个男子的屁股上，大声道：我就是鸡，咋啦？满不在乎！同学的表姐，上职高后就在外与人同居，别人啧啧称奇。我是说，关于性的问题，为什么家长们那么防范怕我们步入危险的境地，而另一个社会层面却那么开放，甚至满不在乎？

一个好奇的娜娜

娜娜：

你说的关于性的概念的反差确实存在，你的迷惘也正是危险所在。

很多故事说明，目前的影视还有社会环境不利于一个女孩子顺利地长大，一些常识被忽略了，一些危险被遮蔽了。比如广播里有一条“梦幻人流”的广告不分时段地播出，医生嗤之以鼻。我想，这都是家长加强保护的原因之一。

比如，稍有生活经验的女孩子都知道，与男人单独相处应当特别慎重。又如，年龄小的女孩尽量不与男人单独约会，如非约不可应选择公共场所等等。可是，一个女中学生因为与妈妈口角几句，深夜时分，迷迷糊糊地去了一个单身男人的家。女孩接受了不太熟悉的男子的礼物，轻易尝试放纵的热吻，接下来的事情可能就不好把握。

一个父亲语重心长地告诉自己的女儿，我知道你只是要拥有的感觉、温暖的情怀，但是男人想的不一样！一个五岁的女孩就该知道，凡背心裤衩覆盖的地方，不许别人碰。任何人的任何行为，只要让你感到痛或不舒服，就立刻反抗，即使是老师或其他有权威的人，也要敢于说“不”。对于这样的问题，家长必须“启齿”讲明！

性是一个复杂现象。在很多情况下，不存在通常意义上的“坏人”。对于人类而言，性生活是一种刻骨铭心的交往，必然波及性伦理学的基本问题，即性道德。美国伦理学家蒂洛提出，要把人的性活动的道德影响区分为社会方面和私人方面，正是这两个方面的道德影响及其相互关系，构成了性伦理学的基本问题。

北京医科大学徐天民教授指出：“男女的性爱，虽然以性欲作生理基础，属于个人私事原则，但从本质上说性爱也是一种特定的社会关系，而且充满了高尚的道德状态和道德关系。”但在目前曝光的一些网友的交往中，道德不见了，只剩下性。当性离开了道德而孤行之时，人就退化成了动物，而一旦人性复归，便常常生出不堪回首的痛感。

如果，轻易地尝试，将自己托付给了一个判断不值得的人，就是由此贬低自己，而以此开始，往往是破罐子破摔，将性变成了感情游戏，损失的将是对爱情价值的颠覆。

我们知道，爱情是一所学校，许多优秀男女都是从这里毕业的。显然，爱情具有提升人生品德的非凡作用。可是，在最初的美好被粉碎之后，就玩世不恭了。

就情感世界来说，最玩不起的就是性游戏。关于这方面，西方人感慨万千，而中国人更是痛不欲生。对于少男少女来说，情感游戏是一种毁灭性的摧残，因为这会使他们不相信爱情、不相信异性，这无疑会让人生活在黑暗的世界里，甚至成为人类社会的一种破坏的力量。

心理学家斯坦利·霍尔被誉为青春期心理学之父。早在1904年，他率先把青春期作为个人发展中的一个关键时期加以研究，发表了两卷本的著作《青春期》，提出有关人的发展的“复演说”。霍尔认为，每个人的生命都是重复整个人类的发展过程，而青春期（12岁~25岁）则代表着一种新生，是产生更高级、更完美的人类特征的时期，是“可望改善我们人类的唯一阶段”。

霍尔的发现是青春期的赞歌，同时也为青春期的性教育提出了更高的标准。关于这一点，1985年，美国锡拉丘兹大学儿童和家庭教育教授索尔戈登有一个较为完整的构想。他在《我们的孩子需要从性教育中得到什么》一文中指出：没有价值标准的性教育是没有价值的教育，必须促进性道德的教育。他认为，性教育至少应该包括以下内容：促进自我概念的形成，教育青少年不要去剥夺别人，也不要受他人剥夺；应该有自尊心，建立成熟的人际关系，对性行为负责。具体包括：

1. 理解爱情是人的性爱的基本组成部分，认识到“性”绝不是对爱情的检验，帮助学生确定自己是否“确实在恋爱”。

2. 要准备为自己做出的决定负责，在性的领域中，也要依据一种普遍的价值标准，即不要伤害或剥夺他人，用他人的牺牲来满足个人的私欲是错误的。

3. 帮助学生理解（男女）机会平等。

4. 帮助学生养成宽容的态度。

5. 帮助学生了解和理解我们生活中的性，认识我们生来就有性欲，而且继续不断有性的需要；要了解性产生的广泛内容，认识性不仅仅表现为异性间的性交，也不仅是生育；应当集中讲解情感、交往和价值观在性中的体现；此外，在性教育中还可以向学生介绍有关妇女运动、决策机会平等、职业选择机会平等和同工同酬等方面的情况。

实际上，青少年们需要的性教育正是这样，是一些从生活中来的富有生命力的知识与情感。为了生命与健康不应该存在任何禁区，我们所需知晓的只是常识。

中学生性行为 ABCDE

成成姐姐：

对比于我们这些懵懵懂懂过青春期的大多数，或者说沉默的大多数吧，有一些同学间的男女交往居然达到不可想象的水平。有一种新说法，据说已在中学生中流行好久了。这种流行语就是 A B C D E 说法，其中 A 为接吻，B 为爱抚，C 为性行为，D 为怀孕，E 为堕胎。而初二以上的学生大多不同程度尝试过 A 和 B。其实现在高中阶段，尤其是职高，C、D、E 的可能也有，只是少数。这些事情像暗流一样，给人不安的感觉，事实是什么样的呢？或者应然是什么样的呢？

迷离

迷离：

首先我们一起看一则旧新闻，而且一直在重复发生。

据广州某妇幼保健院妇产科一名医生介绍，中学女生怀孕现象不但日渐增多，而且年龄越来越小。原来这些怀孕的女中学生年龄一般都在 15~17 岁，现在已出现 13 岁女生怀孕的现象。日前她接诊了一名年龄仅 13 岁的某学校初一学生，而陪着她来的是一名年龄不到 18 岁的男孩，在向她询问病情时，她连基本的生理常识都不知道，更别谈知道如何避孕了。许多少男少女由于受到社会环境和流行文化的影响，视恋爱乃至偷吃禁果为酷，极容易产生尝试性行为的强烈欲望，“勇敢”地偷吃禁果后，却无法面对导致的后果，不少少女因此走上歧途甚至绝路。

记者在广州市三所中学采访调查时，当记者问到知不知道如何才能达到避孕时，十名学生中只有一名知道用安全套，其余均摇头表示不清楚。当记者问为什么不知道时，有好几位学生都不耐烦地对记者说："老师又不教，我们怎么知道？"

到目前，只有扩张的趋势。

教育的本质在于帮助人成为一个真正的人，而没有性则没有人，不懂性也无法成为人。因此，性教育是整个教育非但不可缺少而且尤为重要的组成部分。

有记者在访谈中发现，在初中阶段尤其是初二，男生们课间休息的聊天内容，常常集中于性问题。初中生大多数人只是"非常了解自己，但不太了解异性"，女生尤为突出。学校在开展性健康教育的课程时，更应让男女生一起来听课，共同学习性知识。男生的父母大部分都没有跟孩子讲性知识，只有近 1/3 女生的父母讲得很全面。通过和父母的访谈，发现现在的父母多数都表示希望孩子能更健康地了解这些知识，但他们不知该如何对孩子进行这方面的教育。

调查表明：各年级的学生期望了解性知识的途径是基本相同的，他们最希望的途径依次是学校课程、同学朋友间的交流、父母指导、热线咨询、学校咨询室等。他们最期望的这些途径都具有交互性。

调查中，中学生们希望学校对性健康教育能提高重视程度，教育管理部门最好制定教学大纲，安排出固定的课时，并经常监督各个学校的开展情况。另外，他们建议教育部门：学生最好从小学就开始接受性教育，像教他们"1+1=2"一样，等他们真正步入了青春期，也就不会觉得青春期这么神秘，就会平静地面对青春期的到来，这就避免了教育的滞后性。

在联合国教科文组织提供的《性教育与艾滋病预防教师手册》中，明确提出了性教育的概念：性教育是家庭教育、学校教育和社会教育中的一项内容，是关于人的心理、社会发展的一项研究和教学，它不仅向受教育者传授有关人的性器官和性功能的生理知识，还向受教育者灌输一定的社会文化所认可的性道德规范和社会价值标准，以及与性有关的法律规范。性教育中还包括各种良好的卫生习惯教育。科学的性教育不仅对受教育者个人，而且对于家庭和社会的健康发展都有着积极的促进作用。

性教育是发展教育，也是终身教育，它是需要科学精神与人文精神的紧密结合才能完成的教育。关于与异性的相处、相知对于每一个人来说是一个终身学习的过程，我们希望，这个过程是有爱的、科学的、阳光雨露照耀的，是幸福旅程的开始，既是哲学的，也是诗意的。我们这个时代，什么都要快，在电脑上狂点刷新，短信微信微博即时推送，但是，在获得两性世界的启蒙和实践中，我们以幸福的名义，祈祷这个过程：

理性……唯美……浪漫……科学……

有一种恐慌叫艾滋

成成：

这是我两位同桌的对话：

——我后悔死了，可能真的染上病了，艾滋病。

——瞎说！有症状了，就去了一次小诊所？你还是也干别的了？

——就是那个针头，我没看见是不是一次性的。

——那个针头不干净？你怀疑？

——我看着有点怀疑，当时没好意思说。后来看见几个不怎么放心的人也在那里打针。

——打什么针？不是注射毒品吧？

——他们满身都是文身，眼睛像死鱼似的盯着人看，还有几个女的，病恹恹地腻歪着，看着不像正经人。我……我又感冒了，虚脱似的！阿嚏，天哪！

——你总是感冒啊！我要报告老师！你别碰我的水杯！我马上要求戴口罩，别跟我说话了。啊啊啊……

成成，艾滋病对于校园中的我们很遥远吧？那为什么关于此病的宣传要进校园呢？它的传染是不是也“升级”到更容易了？打针、输液、输血都有可能传染吗？那么，飞沫呢？刷牙出血呢？看牙医呢？外出旅行住宿呢？我妈妈出门，恨不得用睡袋把自己裹起来，很怕的样子。有必要吗？为什么我的同桌会这样恐慌？网上讲的是不是夸大了？他们说的是真的还是闹着玩的？

一条小呆鱼

一条小呆鱼：

如你所问，早在 2003 年，我国教育部就要求三个项目进校园：一是关于禁毒的，二是关于艾滋病预防的，三是关于生态环境道德教育的。关于艾滋病，尤其在非洲国家，青少年的高发情况尤其严峻，我们国家报告感染的情形也不乐观，需要提高警惕和预防的等级了。

世界卫生组织公布了新的关于艾滋病和青少年的治疗指导方针与路线，并发出警告："超过 200 万 10~19 岁的青少年被感染了艾滋病病毒，而他们之中的大多数人都没有受到很好的关心和照顾，也没有获得必要的支持来保持健康和防止传染。"我国最新艾滋病疫情是：截至 2015 年，中国近 50 万人感染艾滋病，在中国所有艾滋病病毒感染者中约 15% 为 15~24 岁的年轻人，且年轻男性的感染率在上升。统计显示，目前我国估计存活的艾滋病病毒感染者和艾滋病病人约占总人口的 0.06%，即每 1 万人中可能有 6 人感染了艾滋病病毒。截至 2015 年 10 月底，全国报告存活的艾滋病病毒感染者和病人共计 57.5 万例，死亡 17.7 万人。值得注意的是，2015 年 1 月至 10 月新报告 9.7 万病例，在性传播、血液传播和母婴传播三种主要的艾滋病病毒传播途径中，异性性接触传播占 66.6%，男性同性性行为传播已经占到了 27.2%。2014 年世界上 200 多名专家对全球 188 个国家的疫情进行分析，根据相对数，从高到低分成十个等级，中国排在第八等级，是较低流行的。但从绝对数来看，全球 3500 万感染者，75% 集中在 15 个国家，中国是 15 个国家之一。也就是说，从绝对数来说，中国是艾滋病感染人数比较严重的国家之一。更严重的是，在我国，只有 50% 的人知道自己的感染状态。也就是说，就算让所有知道自己患病的人接受治疗，也还有一半的人没有治疗。近年来，我国青年学生艾滋病疫情增长较快，2014 年，15~24 岁新增报告艾滋病人数为 1.5 万多人。2015 年 1 到 10 月，该年龄段有 1.4 万多人感染艾滋病病毒，又比上年同期增长了 10% 左右。2015 年 1 月至 10 月，共报告 2662 例学生感染者和病人，比上年同期增加 27.8%。所以说青少年受到艾滋病病毒的威胁越来越大，学校也不是艾滋病的避风港。

什么是艾滋病？真的就是由“爱”滋生的病吗？

1981 年，艾滋病首次在美国发现，艾滋病医学全名为“获得性免疫缺陷综合征”（AIDS），是因感染人类免疫缺陷病毒所致的严重细胞免疫功能缺陷、合并感染和选择性肿瘤的一种致命性传染性疾病。因为 AIDS 发音和“艾滋”相似，因此中文将其称为“艾滋病”。艾滋病病毒被分为两种类型：HIV-1 型和 HIV-2 型，根据不同的类型还会有各自的亚型，在不同地区流行的亚型是不同的。HIV 的致病机理就是通过攻击人体免疫系统的中枢细胞——T4 淋巴细胞，使机体丧失天生的免疫功能。因此，HIV 并不会引发任何疾病，机体也不会单单因为艾滋病而死亡，通常都是由于机体无法抵抗各种疾病，最后因感染其他疾病而死亡。艾滋病病毒的潜伏期可长达十二三年，在感染艾滋病后，艾滋病症状出现前的这段过程被称为艾滋病病毒感染，被感染的人被称为艾滋病病毒携带者或感染者。

艾滋病有三大传播途径。

一是性传播：与感染者发生未保护的性接触；二是血液传播：输入受艾滋病毒污染的血液；共用受艾滋病毒污染的针头、针具或其他锐器等途径传播；三是母婴传播：艾滋病毒感染的母亲在妊娠、分娩和哺乳期间传播给婴儿。你的同桌担心的，就是第二种情形，因此说，不正规的诊所是要非常小心的，打针输液也是要非常注意的。

艾滋病传播必须同时具备三个条件：有大量的病毒从感染者或病人体内排出；排出的病毒要经过一定的方式传递给他人；有足量的存活病毒进入正常人体内。但是公共场所的一般接触、日常的生活接触、礼节性亲吻和拥抱、蚊虫叮咬等，都不会传染艾滋病。只是要注意高危行为和人群。

什么是艾滋病感染的高危行为和高危人群？

高危行为：不安全性行为；共用注射器静脉注射吸毒；被刺破皮肤的器械刺伤；使用未经检测含有艾滋病病毒的血液或血制品；HIV 阳性女性

怀孕、生育、哺乳。

高危人群：静脉注射毒品者；接受输血及其他血制品者；与以上高危人群有性关系者等，包括暗娼或性工作者。值得注意的是，新形势下的高危人群——青少年学生，青少年的感染增多，与两方面因素有关。一是青少年本来就是性活跃人群，二是青少年常选择无保护性行为。青年学生自我保护意识欠缺，容易发生一些与感染艾滋病病毒相关的危险行为，容易受到艾滋病的侵害。

到目前为止，艾滋病难以治愈，且尚无有效疫苗，因此采取积极的预防措施是非常关键的。这些预防措施包括：避免不安全的性行为，避免输入未经严格检查的血液制品，严禁注射毒品，不共用牙刷或剃须刀等用品。提倡婚前、孕前体检，对 HIV 阳性的孕妇需要进行母婴阻断等。

一旦确诊艾滋，治疗艾滋病最根本的方法就是使用高效抗逆转录病毒进行治疗，并且终生服药。治疗的机理是通过药物抑制艾滋病病毒的复制，保存和恢复免疫功能。目前国际上有三十多种抗逆转录病毒药物，我国有十几种。在治疗艾滋病的同时还应当注意对其他各种病原进行抗感染治疗。开展早期治疗对于扩大治疗的覆盖面、降低传播和死亡具有重要意义。

以爱抗艾

成成：

可能是我同桌的哼哼把红丝带给招来了，作为重点中学的我们被重点关心了一回，校园里搞了一次防止艾滋病的宣传活动，一幅幅图画、一个个倡议，一脸阳光的我们列队走过，感到懂得就是武器。同时，那么多名人参与这项活动。妈妈还告诉我，性病很阴暗严重，所以她出门住宿什么的才那么不放心。新问题层出不穷，老问题死灰复燃，人类的自律是个命题，我们该怎样洁身自好并严加防范呢？

第二条小呆鱼

第二条小呆鱼：

艾滋病的汹涌不是很新的问题。

我国遏制与防治艾滋病行动计划特别强调，在青少年中开展青春期和性健康知识、艾滋病性病知识和无偿献血知识，以及禁毒知识的普及教育。几年来，教育部制定了一系列政策，将预防艾滋病、性病和禁止滥用药物等有关内容列入健康教育基本要求。同时建立了预防艾滋病学校和健康教育师资培训基地，组织专家编写相关教材。你所说的进校园就是这个大背景。艾滋病的流行趋势是，全球每天有 1.5 万例新的艾滋病病毒感染者，有 8000 人因艾滋病而死亡。已经有超过 6000 万人感染了艾滋病病毒，其中 2200 万人已经死亡。非洲的艾滋病病毒流行最为严重——有 7 个国家的成人感染率超过了 20%，最高的接近 40%。印度有近 400 万人是艾滋病病毒感染者。在加勒比海一些地方，艾滋病病毒感染率已经上升到总人口的 3% 或更高。亚洲艾滋病例增加速度最快。2015 年 9 月，联合国提出到 2030 年在全球实现“零艾滋”，即“零歧视”“零感染”“零死亡”。2015 年 11 月，联合国艾滋病规划署公布了一份报告，认为有望在 15 年内消除艾滋病对全球的威胁。该署执行主任米歇尔·西迪贝表示：“人人出一份力，在 2030 年前终结艾滋病疫情是有可能的。”这是一个振奋人心的倡议，并得到了积极的响应。

其实艾滋病的传染并非那么令人恐慌。据专家解释，艾滋病病毒是一种非常脆弱的病毒，离开人体后会很快死亡，100 度以上 20 分钟就灭活。与艾滋病病毒感染者的日常生活和一般接触不会感染艾滋病。如：握手、拥抱、礼节性亲吻，一起进餐、乘车、学习、郊游、玩耍，共用学习用具、餐饮具、卫生间、游泳池、卧具、生活用品。一般唾液、泪液、汗液、尿液中病毒含量极低，不足以引起传播。目前还没有发现通过这些体液感染艾滋病的病例，而且艾滋病病毒不会通过飞沫传播，咳嗽或打喷嚏都不会传播艾滋病，即使蚊虫叮咬也不会传播艾滋病。艾滋病病毒在蚊子体内既不发育也不会复制，蚊子嘴上残留的血液量微乎其微，远不足以引起传染。目前还没有有关蚊子或昆虫叮咬而感染艾滋病的报道。因此，你的同桌恐怕也早已了解了这些，只是在逗着玩呢！

青少年预防艾滋病要洁身自好，提高防卫能力。具体而言有：

首先，预防艾滋病经血液传播。

其次，预防艾滋病经性传播。洁身自爱、遵守性道德是预防经性接触感染艾滋病和性病的根本措施。

艾滋病是全人类的威胁，因此对于检测一般都实施人道主义的救助和关怀，目前我们国家实施免费和保密的艾滋病自愿咨询和抗体初筛检测服务，为经济困难的艾滋病病人提供免费抗病毒治疗药物。

与艾滋病这一国际性性病比较，还不得不指出另外一种趋势，就是你妈妈所讲的阴暗的性病。1964 年，时任北京医学院院长兼北京皮肤性病研究所所长胡传揆教授曾郑重宣布：中国基本消灭了性病！许多国家惊呼，这是东方的奇迹。然而，事隔数十年，梅毒、淋病等性病在中国死灰复燃，且迅速蔓延开来。而且你现在如果到医院就会很困惑，性病咋那么多？以往我们所说的传统性病只有 5 种，包括淋病、梅毒、软下疳、性病性淋巴肉芽肿和腹股沟肉芽肿。1975 年，世界卫生组织把性病概念扩展到"性传播疾病"上，现在是指主要通过性接触传染的一组传染性疾病。除了原来 5 种性病外，还囊括了艾滋病、尖锐湿疣、乙肝等 20 多种疾病。所以不要太恐慌！但是，情况不乐观！国内知名流行病学专家、暨南大学医学院流行病学教授王声湧疾呼，如果不加以控制，在未来几年，淋病和梅毒的发病数将占 24 种法定甲、乙类传染病总和的 50% 以上！专家指出，这种情况的出现，性过度解放是直接原因，其中多性伴侣、高危性行为、同性恋人数增加是排名前三的主因。中国首个大规模同性恋人群基数及其艾滋病感染率调查显示，男性同性恋艾滋病感染率在中国艾滋病高危人群中居第二位，仅次于吸毒者。此外，吸毒、血液和母婴传播导致的性病数也在不断上升中。我国 HIV-1 型的母婴传播率为 35% 左右，明显高于发达国家的 15%~25%。因此为预防疾病、提高人口质量，专家倡导青年学生对爱情负责，对性负责，预防艾滋病，珍爱生命。

你谈到外出的卫生与安全保障，我看到极高的性病发病率也在不知不觉中影响着人们的生活习惯。这样的话语是普遍的："我若是在外上厕所，基本都不坐马桶，一定要找个能蹲的厕所，谁也不知道上一个如厕的人是不是健康。""我有一个专门的旅行箱，里面常备着一个床单、一套长袖睡衣、两条毛巾和一大包消毒纸巾。总之，我会尽一切可能避免和酒店提供的卧具有直接身体接触。”养成良好的生活习惯，对于降低性病感染率还是有益处的。包括外出旅游时一定要注意个人卫生；住宿时，仔细检查房间里的各式卧具；洗澡时最好淋浴，用自带的毛巾擦拭身体。外出回家后，最好马上洗个澡，换洗衣物，并用开水浸泡一下。我的经验是：我们国家的丝绸、羊绒制品那么好，于是大小披肩对于我必不可少，火车上它会变成枕巾和被子内衬，酒店里变成贴身的被罩等，轻柔好洗，又大又暖，多好！

意的和谐

风中的花朵

成成姐姐：

小的时候，多么向往过青春！但是，实际上到了青春期，却是困惑一堆，忙乱不止。在功课和考试强大的压力下，还有莫名的心事、乱糟糟的情绪、难以管束的情感。我不断地感觉注意力难以集中，思维走私。做作业的时候恨不得马上狂扫完好透口气，同学之间也很冷漠，竞争超越友谊，很难有说说知心话的朋友。有的同学摆出一副社会人的架势，高消费，富二代，官二代，高人一等。有的同学很快就恋爱了，小世界小确幸，但不稳定。你们的青春期也是这样不堪吗？

柳絮儿

柳絮儿：

如你所说，在功课和考试强大的压力下，还有莫名的心事、乱糟糟的情绪、难以管束的情感。我们的青春期也是这样不堪吗？回答：是的。进一步回答：但是现在，这些都变成了美好的回忆。特别是，当此时，我们的记忆力减退、常常在焦虑中想退半步、失去了进取的锐气的时候，回忆起精力充沛、思维敏捷、记忆力强、情感丰富的青春期，懂得那是希望在前的时期，是走向成年的过渡阶段，亦是自我萌发和发展的时期，是心理发展和生理发育的关键期。那是一朵花初次的绽放，是花朵在风中摇曳，连颤动，无疑也是美好的。

你所说的某些同学摆出的社会人的架势，可能强调的正是青春期觉醒的自尊。自尊即一个人的独立性。随着生理上的发育和社会接触面的扩大，少男少女的自尊心亦与日俱增。然而，这种自尊容易被追求虚荣所扭曲。例如用片面的虚荣去满足自己某种好奇、好胜及自我表现的心理欲望。比如，你们的班级里出现了吸烟、喝酒的同学，好奇心驱使他们玩玩酷，使自己像个大人；男孩子想显得轻松、潇洒、大方，有的女孩子过分追求穿戴打扮，强调高消费。比如你们私底下玩的手机、胯下的自行车，名牌、大牌，这些其实都是浮云，但是这些行为后面是自尊要求的自我在凸显。当然，这些显示无不包含时代的印记，其中永恒的恰是生命个体趋向社会性的表达。

成长本来就不易，你们所面对的严酷考试使文化生活单调、活动内容贫乏，日益沉重的考试压力压得喘不过气来，从而产生不满或厌倦心理。为了寻求替代，往往就会“饥不择食”地盲目寻求精神刺激和所谓欢乐。如同消费麻辣烫那样，追求动漫和无厘头，娱乐无极限，热闹背后，仍然是空空的心灵口袋，对现实的失望难以排遣。因此会产生不满——世界不是想象的那样，是的，但是世界的模样和人的心灵是互动的。调整心态，就是在一点一滴调整与外在世界的关系，这是贯穿每一个人一生的课题。要有长远眼光，要有参照，比如阅读经典，找到自己内在与外部沟通的最佳方式，力争快乐平和的心态。

跃跃欲试想寻找机会体验一下恋爱滋味是青春期正常的诉求，与其说恋爱，其实更多的是出于探究异性的心理，于是就会出现早恋等交往过密的现象。例如有的女生，她希望有三个男同学能帮助自己：一个要学习好，以辅导她的学习；一个要能说会玩，陪她玩乐；另一个则要会体贴人，成为她的忠实奴仆。她既没有弄清楚自己的感情，也没有尊重别人的态度，自然会受到挫折。因此这个时候的恋爱，那真是亦真亦幻。我以为，这样的探究要回归到安全的常识之栏，要有父母师友的提醒和护佑。

你所产生的焦虑很可能转化为自卑。正如“显摆”是一些人的表面标签，内里则是自卑，自卑是青少年性格发展过程中的一种特殊的情绪体验，表现为羞怯、内疚、悲忧、自责等。比如你控制不好情绪，有的同学经常考试分数偏低、经常挨批评，甚至认为自己的长相、身材不符合社会审美标准等，都可能成为产生自卑心理的原因。大概每个个体可能都要经过一个由自卑到超越的过程，青春的力量正在于此。青春经历这样的磨难就是要积累正面的经历和体验，丑小鸭最终出落成白天鹅。

青春期就是这样，长身体、长知识，与外界碰撞，形成渐渐稳定的世界观，每一个少男少女，都要努力使自己的青春之舟沿健康航道航行。

首先，注重自己的心理健康。在自我意识迅速增强、从形象思维走向抽象思维的时候，应该多多涉猎知识，使自己视野广阔。明白在浩大的世界里，自己虽然渺小，但是独一无二，应该活出自信来。之后要保持情绪乐观。青春期的情绪容易激动，起伏大，有明显的两极性，如狂喜、激愤、绝望等。应该主动学习自我调节情绪的本领，经常和心理老师谈心，和同学老师积极沟通，正确对待课业与考试，渐渐形成稳定的情绪。

其次，要有发展的眼光看待周围的同学。比如，你看到的竞争和冷漠，“两眼一睁，开始竞争”。其实来自同样的压力，因此要更加包容；你看到有人炫耀自己是富二代、官二代，以消费耀眼，那么接受社会差异，同时面向未来思考定位自己的道路。我特别推荐你看看《再见，老大》，它讲述了一个班级在高考前的故事，讲了富裕的子弟如何体验到了穷孩子的辛酸和自卑，并和父亲一起帮助他们，同时自己也获得帮助和成长。我们的社会终究会以爱的名义集聚正能量，一个班级也应以爱的合力促成每一个学生最好的发展。所以，风中的花朵，希望你以一朵花打动另一朵花，一片云推动另一片云，构建一个内在充满爱的班级，你们将拥有最值得记取和滋养的青春岁月。

当“暧昧纸条”遭遇“粗暴教育”

成成姐姐：

最近我们班发生了这么一件事。一个女同学给男生的小纸条被班主任老师“截获”了。那是一首小小的诗歌，很浪漫的，要是没有“致某某”也就没有关系，但要命的就在这里。老师将这事在课堂上严厉批评——升学考试这么严酷，居然还有心玩早恋！那位女同学当即就哭了，男同学从此很沉默。双方的家长都被叫来了，遭受了疾风暴雨。成成姐姐，我讲这个故事，就是想透口气。学习就是做题，题海无边，试卷无边，如此枯燥，中考如此无情，大家都快麻木了！有这么个正常的小女生轻轻浪漫一下，就这么被拍灭了……

麻木的喜鹊叫喳喳

麻木的喜鹊：

青春期的女孩子本来就像喜鹊，叽叽喳喳的，在春意盎然的枝头跳跃，发出喜悦的声音。但是，如果她麻木了，这个春天就缺少了叫醒的乐章，少了明媚的色彩。

你讲的就是当“暧昧纸条”遭遇“粗暴教育”的故事。这样的故事总在上演，可以说，老师、家长这几年对孩子们情感的驿动宽容多了，但是，因为中考、高考，因为需要孩子们集中精力（确实是需要），所以，还是不能以更宽容、生动、温暖的方式来疏解，还是令你们失望的举动。有个家长对我讲过，孩子最初的感情很纯很真，甚至能够感动沉浸在柴米油盐岁月中忘了爱情的她，但是，她不能和花季的女儿携起手来，走进浪漫的黄昏，仔细地、慢慢地谈谈青春期恋情的故事，而只能硬起心肠告诉女儿：放下，放下这些小小的情感，剪掉这些旁溢斜出的思绪，全力以赴中考，现在是关键的关键。于是她得盯着女儿做作业，检查她的短信、笔记、QQ、小纸条等等。“上小学是人间，中学是地狱，大学是天堂”，这是一个流行的说法，它提醒着每一个家长必须带着孩子严阵以待。有人说，人生的一段就是抱着生命过海洋，而我们的家长就是要抱着生命过考试！喜鹊，你们可理解？你们苦，你们焦虑，家长也苦，也焦虑。老师呢，压力山大，心要硬，还要敏锐，因为，我们大家都在这个考试的怪圈里打转。别怪老师粗暴，当然，成成姐姐还是希望看到，老师不是叫来家长，而是和女同学轻言慢语地聊一聊，疏导她的心事，保守她的秘密。

还有一个例子是：一个女孩子在放学后，在一个小区里徘徊，好像没有作业一样。老师恰巧看见她，就和她聊聊，知道她只是有一团排遣不掉的情绪在心中，不知不觉地就来到了这个小区，只是看到了院子里有很多的紫丁香，而当时，她就成了那个“丁香一样结着愁怨的姑娘”，那是属于戴望舒的《雨巷》的诗情画意。老师轻轻地笑了，而女同学说愿意为此熬得很晚把作业赶完，就算为自己的小小心愿付出代价。这样的沟通是不是很美好？喜鹊，你要记得，老师、家长最终还是青春期陪伴你们的最贴心的人，无论怎样，要寻求沟通，要相信他们，理解他们。

有一次开家长会的时候，许多家长都哭了，因为一位老师首先站在老师的角度、班主任的角度对即将来临的中考，做好后勤工作，做好心理疏通。然后又讲到作为家长，他也是这么做的。他的女儿即将高考，高考的录取率比当地中考还高，但是要上一个好学校，985、211之类，或者硬硬的一本，就要接受残酷的竞争，压力大，女儿的脸上长了青春痘，很焦虑。作为父亲的他从网上查到食疗的方子，问了老中医，给孩子熬好薏米粥，晾好了给女儿端到跟前，每早每晚……我的心里也酸酸的。喜鹊，接受现实，理解老师，让这样的事情“过去”。

成成姐姐希望，当你周围的同学议论起这件事情的时候，你能够说：女孩子的诗歌是小小的浪漫，很正常，老师的反应也是出于现实的考虑，没什么的，等到10年后，这就是美好的回忆。这些话到达女同学那里，会因为前瞻性而让她松口气，而最终，希望这个事情风轻云淡地过去。而风轻云淡之后，就是能够面对，面对青春期的悸动、不安，还有不快乐，然后淡定长大。你说对吗？

别让你的心灵落上“灰”

成成姐姐：

你好！

我想告诉你的是，在学校主流的基调——学习之外，其实我们时常也在困惑中。有好多人根本就不把学习这个主业放在眼里，每天游离在多数人的生活之外。穿名牌，追时尚，跟社会上的人拉帮结派，特别是有权有势人家的孩子像是比我们见多识广，藐视我们循规蹈矩的生活。这个世界好像早已被他们“买断”。他们出入高档的娱乐场所，甚至在那里抽烟喝酒。说要追哪个女生，会很大方地花钱买花呀送礼物呀K歌啦，营造浪漫。我们背课文人家笑传段子，打架了惹祸了甚至涉黄涉黑，说也能摆平。我觉得他们很强势，活得很时尚，但又不敢肯定。我感觉他们的心里没有一种笃定的信念，模仿成人世界的存在，甚至涉及社会不很正面的……或者那是潜在的规律？也未必是长远的东西吧？你能和我谈谈这样的事情吗？

严敏

严敏：

看了你的信，首先想到了浪漫这个词的搞笑解释——慢慢地浪费时间。你知道著名散文家董桥吧？他在谈到浪漫的时候说："其实不一定要在很绿很绿的草地上，不一定要在很凉很凉的大树下……现在的倾向是，越来越多的人想让浪漫到钞票上去打滚……"我想说，浪漫应该是充实中挤出的那一点闲暇，让心自由轻盈地飘起来，而时尚跟流行感冒一样，将街道一会儿染绿，一会儿变红……而你所困惑的，正是许多专家和家长都呼吁的关于那种灰——灰色文化对青少年的侵蚀，对校园的浸染。

伴随着我国改革开放和市场经济的发展，以娱乐性、流行性和大众参与性为特征的大众文化波及全国。大众文化在我国的传播，一方面为全社会营造了一个相对自由和宽容的环境；另一方面，其中浅薄庸俗，甚至带有色情暴力的非正面的信息文化则侵蚀着校园生活，给青少年的成长带来负面影响。市场经济条件下大众文化的普及化、世俗化显然是一种社会现实；青少年从大众文化的娱乐、休闲中得到的满足感、兴奋感和归属感也是青少年的心理需求。但是一个国家少年强则国家强，我们有一个什么样的明天，取决于培养出什么样的孩子，而培养出什么样的孩子，取决于有着什么样的文化氛围。就目前的文化消费而言，我们距离一个文化强国还有很长的路要走，我们在继承本民族传统文化方面还有很多不尽如人意之处。尤其警惕的是，在大众文化以自媒体等方式碎片化传播时，其中的营养和含金量也是值得我们慎重看待的。我们的心灵和精神生活处于哪一个层级，是不断向上攀升还是不知不觉间向下坠落，也是值得警醒的。

据《法制日报》报道，青少年犯罪是一个复杂的社会问题，受各种环境因素的影响较大。其中来自文化市场的“黄色”污染、以暴力团伙犯罪为主的“黑色”污染、以腐败为主要表现形式的“灰色”污染及灰色信息文化对青少年犯罪影响尤甚。黄灰黑三色污染是诱发青少年犯罪的主要诱因。

1. 黄

我国已经有触目惊心的统计显示：青少年性犯罪正以每年 10% 的速度上升！性问题已成为青少年犯罪的主要动机，仅次于为了钱和义气而犯罪。权威数据表明，目前中国青少年的犯罪中 30% 是性犯罪。北京市政协 150 位委员曾经历时 4 个月完成了一份关于青少年性健康教育的调查报告。在调研中发现，有 48.8% 的中学生对婚前性行为持认可态度，其中有 9.9% 的学生甚至认为：一见钟情就可以发生性行为。更有甚者，个别学生还把它作为一种金钱交易。32.8% 的学生认为，高二以后没有异性朋友会被同学瞧不起。而诱发此问题的主要原因是黄色物品。

黄色物品在我们身边泛滥，青少年接触的频次越来越多。有人说过：黄色书刊是一种虽不灼人皮肉，却是吞噬心灵的毒品。有些少年因为好奇心驱使，结果陷入泥潭而不能自拔，整日精神萎靡、心神不安、想入非非，以至荒废学业，甚至落到道德败坏、颓废堕落的犯罪境地。因此，对黄色物品，同学们一定要做到不看、不传。禁绝黄毒任重道远，正如一位中学校长所发出的感叹：“课堂教育一个钟头，不顶影像里一个镜头；老师苦口婆心讲一天，抵不上学生网上转一圈。”

2. 黑

首先，社会上有的传播媒介为吸引公众，对黑社会性质、恶势力团伙犯罪信息进行大量传播，对犯罪动机、作案过程进行过分详细的描述。这种宣传模式在教育受众的同时，也造成了未成年人犯罪潜意识的上升。其结果不仅直接教会了他们作案手段，而且教会了他们反侦查、反审讯的伎俩。更为严重的是，给青少年团伙犯罪提供了行为模式和直接仿效的条件，使他们在作案中由不会到会，由会到精，最终成为犯罪的“高手”。

其次，社会上一部分人对江湖义气的大肆渲染，使青少年产生了封建帮派意识和宗教意识，导致其团伙犯罪日益突出、犯罪行为不断升级，加剧了青少年犯罪的深度和广度。据统计资料显示，目前的青少年犯罪案件中，属团伙、帮派犯罪的占了51%。小帮派一旦在现实中受阻，转向被人操纵的可能性也很大。

3. 灰

灰色文化，既不同于占主导地位的主流文化或精英文化，也不同于与社会完全对立的反文化，它是在价值倾向上介于主文化与反文化之间的一种具有“中间”性质的文化，也有学者称之为不良文化或庸俗文化。

一是“灰色文化”在手机短信息、互联网和城镇茶社、夜总会、桑拿洗浴场所等领域仍然大量存在：手机传播中无聊内容和垃圾信息防不胜防，网站上娱乐版登载的文章常以刺激性的字眼招徕网民，网络聊天工具、论坛和网络游戏中充斥着不良信息，在茶社、民营“小剧场”等表演场所，演员们用低级庸俗的表演和下流黄色的笑话取悦观众，甚至在银幕、荧屏上，也不乏打着“艺术”幌子的露骨表演等等。林林总总，可谓怪招迭起、花样百出。

二是所谓“娱乐至死”。许多“灰色文化”的传播者高喊着“娱乐无罪”的口号，大肆恶搞，对主流文化大兴篡改、戏谑之风。这类“灰色文化”呈现出的就是社会责任感的缺失、价值观的日趋扭曲。比如当前网络文化中出现的“网络暴民”现象，许多网民可以在网上毫无顾忌地胡言乱语、肆意污蔑、恶性侮辱、破口漫骂，就是由于缺乏实质性的监管约束、责任意识的缺失。更糟糕的是，有些已经形成群体性的乱象，相互鼓噪。加上网络的便捷性、互动性、隐蔽性及无处不在的广泛性，如果这样的恶性群体在网上膨胀发展的话，将来造成的负面社会影响难以估计。现在的特点是网络既是广场，也是市场，得利与得名导致的狂躁脱离了正常的社会伦理、道德底线等，慢慢侵蚀人们的心灵。

三是所谓“眼球经济”。这类“灰色文化”的特性就在于标新立异、哗众取宠，招徕观众眼球是最大诉求。比如网络上的一些“大红人”等，通过贩卖低俗而一举成名；许多影视作品打着“擦边球”，多方制造各种耸人听闻的噱头，只因为“不炒不红”。每一个事件都伴随着攻讦和口水，每一个热点都吸引着大量的看客，每一场“战争”都有冉冉升起的“新星”……“眼球经济”规模不小，“利润”唾手可得，然而背后的危害也更为深远。“眼球经济”的另一面就是“看客经济”，片面追求经济效益而忽视社会效益必然导致社会责任感的淡漠、整个社会走向空虚和浮躁。

恶搞对青少年的侵害无处不在。当神圣的价值被解构，无厘头的欢悦就会吸引青少年，可是这种轻飘飘的东西经不起时间的磨炼，开始了迷茫的挣扎。青少年开始逃学、厌学，90% 以上是受到网络的诱惑。青少年对媒体的接受能力更强、更快，尤其是网络技术的普及和发达，为其提供了接触社会的广大空间。然而青少年看到的是轻浮的、低俗的、血腥的恶搞和披露，这些对尚未具有是非判别能力的他们，无疑极具诱惑，于是不分昼夜、忘乎所以地投入其中，使他们失去了传统文化美的滋润，丧失了正确价值观和道德观，甚至将他们引向犯罪的深渊。

从你所描述的“有权有势”的家庭出来的孩子的作为，我们也看到，屡禁不止的腐败现象对青少年的影响主要来自三个方面：一是家庭腐败的影响。特别是一些家长，由于自身的原因，对子女的违法犯罪行为表现出包庇、纵容的态度。有的家长嗜毒、嗜赌成性，潜移默化地影响了下一代的健康成长，成为子女沦为性犯罪分子、毒品犯罪分子和赌博犯罪分子的重要诱因。二是社会腐败的影响。少数腐败官员热衷于公款消费、以权谋私、贪污受贿和走后门拉关系，在日常消费中与一般人相比往往形成强烈反差。这种反差现象，对辨别力、抵抗力相对缺乏的青少年来说，无疑具有不可低估的影响。三是来自司法行政部门腐败的影响。如今一些信奉“权比法大”的执法者处心积虑地规避法律，在侵犯公众利益的同时，又利用其熟知法律、密织关系网的办法逃避惩治，这一现象的存在极易使青少年产生亵渎法律的心理。有的青少年触犯法律后，不是认罪服法，而是千方百计找门路、拉关系，想方设法贿赂司法官员，信奉“金钱万能”“破财免灾”的信条，喊出“我爸是某某！”“多少钱摆平？”这样的口号，也使得其中的不稳定分子进一步受到负面影响，并可能成为违法犯罪的后备军。好在，随着当今我国越来越严的反腐和依法治国，这种现象已经得到很大的遏制，社会风气开始转向“风清气正”。

而在“错综复杂”的社会环境，特别是网络时代，能够不让自己的心灵落“灰”，是青少年朋友时刻要警惕的。

不被困在网中央

成成：

我还算是一个乖孩子，但是网游也是令人着迷的。同学们在一起，聊起网游通关，个个眉飞色舞的。有的同学学业渐渐掉了队，家长甚至还不知道最根本的原因是沉迷网游。一个人一辈子就打游戏那是没有意义的、空虚的，但是不打心里就痒痒。网络也未必就是安全的，我身边有人不仅被盗了号，还被骗了钱，甚至还有被敲诈的，网络后面的世界我们自以为很了解，其实发展那么快，谁都未必能把握。和网络紧密联系的生活会走到哪里，我们这代人会和网络生成怎样的新生活面貌？我们该怎样把握网络和现实世界的关系？这是一个问题吧？

图南君

附：

我是一个母亲，也曾经做过老师，真的为现在的孩子痛惜。在我身边，很多孩子迷恋游戏甚于读书，尤其以初、高中的学生为代表。部分青少年以玩游戏为乐，以读书为苦差，就算不是为了分数，没有任何的考核压力，不少青少年也不愿意打开书本，静坐于某一角落，集中精力地阅读一本好书。倘若有爱好阅读者，也是喜欢用眼睛贴着小小的手机或电脑屏幕，阅读下载或网络在线的一些网络小说、电影，把一双明亮的眼睛硬要弄成近视。目前，小学生近视率65%，初中生70%，高中生85%，谁之过？久而久之，离不开手机电脑，离不开游戏和聊天，离不开网络，学习读书就变得淡而无味，亲情也不再重要，用汗水和智慧追求新生活的少年热情日渐消失。痛哉！惜哉！

宁馨儿的妈妈

图南君：

看到你的名字，就知道你应该来源于一个知识分子家庭，“图南”两字让人想到庄子，《逍遥游》中有：“有鸟焉，其名为鹏，背若太山，翼若垂天之云，抟扶摇而上者九万里，绝云气，负青天，然后图南，且适南冥也。”是讲抱负作为之大吧？我想，你们这一代，作为数字原住民或者网络一代，如你所言，是和网络生成一种生活新形态，其作为真是巨大的。对于网络，绝不限于游戏，甚至不限于信息，而是以生活方式和工作方式、学习方式的转变为端口，带来的应该是思维的飞跃和生活的完善！

成成还转载了一位母亲的来信。其中大家能够读出作为家长对电脑网络手机引发对孩子身心负面影响的焦虑。我们已经进入网络时代，互联网的主体就是青少年。其中有一个迭代的变迁，这是一个重大的契机或者端口。有统计数据显示，我国 16 岁以下的青少年网民数量约为 1 亿至 1.2 亿左右，占网民总数的 16%~20%，我国网络用户呈现出低龄化的特点。一般而言，在青少年（尤其是年龄较小的儿童）接触媒介时，如果得到成人及时、正确的指导，儿童就能从媒介中获得许多有益的帮助。许多对比研究发现，经过指导的儿童比未经过指导的儿童更有自主性，更能熟练地获得和理解信息内容，并且更经常地利用媒介解决现实问题，即越来越重要的媒介信息素养。因此，时代变迁要求今天的家长，不仅能开得了车，做得好饭，还要能上得了网。一个曾经红遍家长圈的例子是，一位妈妈为了克服儿子的网游之瘾，通关直到后台，修改了游戏结果，寓教于乐，令孩子猛醒回归现实。但是更现实的情形是家长基本是网络的“移民”，在形成对互联网的正确认识和有价值使用上，对孩子未必能有多大的指导能力。网络是把双刃剑，理想的状况是：全社会，包括家长，必须以安全为起点，带领孩子一起走进网络世界，并且要有融合发展的观念，以自我的阅历、知识迁移，共同培养、提高面向互联网的审美能力、价值判断，使孩子取其高雅、弃其低俗，两代人共同学习，受益于网络。

我们先说网络游戏的事。

2015 年报告的数据是，一年中，网络游戏一口气创造了两个“神话”：创出数百亿元的商业财富；把逾千万青少年学生变成网游玩家。一年中，中国每分钟新增近百个网民，约三成是学生网游玩家。在传媒的镜头里，公众看到了越来越多因沉迷网游引发的不幸：猝死、跳楼、盗窃、退学、逃课……他们还是学生，无论小学生、中学生、大学生。如此强大的产业和如此负面的社会影响，一些教育工作者谴责一些网游公司社会责任缺位、缺乏商业道德、唯利是图，不惜手段引人入“戏”。对此网游商们却强调，沉迷网游是因为有些人“自制力太差”。据调查发现，高校里因沉迷网游遭退学的例子不在少数。

中国互联网络信息中心（CNNIC）调查显示，在谈到网络游戏的影响作用时，53% 的人认为，网游给自己带来了不同程度的负面影响。一位身不由己的网游玩家说：“光 2015 年上半年，每个玩家就为《征途》（巨人网络出的一款网游）贡献了 305 元，其中大部分是青少年学生。”而成立于广州的“中国反不健康网游志愿者同盟”称，正在搜集取证，拟对不健康网游发起集体公益诉讼。媒体发言：没有哪个行业，在创富神话的光环里，背负着如此低的社会口碑。这也在提醒我们青少年，别那么投入网游！一定要先评估它的价值，并不要高估你的意志。在涉足一个这样的旋涡时，你要三思，定位自我，找到与网游的合理边界。网游带来的不仅仅是娱乐，它可以创造和传染“网络病”，荒废玩家的学业和工作；它可以传播暴力、邪魔等有害文化，扭曲人的主流价值观，甚至葬送一代人的未来。一些专家认为，网游如果不尽快摒弃文化缺失、同质化严重、简单渲染打杀等短视思维，其暴利时代将很快终结，但一个人的青春却只有一次，且短暂而易逝。在学习压力和社会压力越来越大的情况下，我们需要找到一个缓解情绪的途径，而网络以及网络游戏营造的虚拟空间恰恰满足了这种需求。网络游戏反映了网络化的世界的生活图式，它与信息时代的特定生活经验紧密联系。网络游戏还提供了具有时代特征的知识。好的网络游戏体现了一定的文化内涵，它是信息的情趣化表征与传递。因此，健康的网络游戏同样能起到学习知识、训练技能、娱乐身心的积极作用。沉迷网络带来的浅阅读、碎片化阅读，沉迷网游带来的对现实世界的疏离甚至逃避，都将使我们的人生变成“一场游戏一场梦”。问题的核心并不是要不要游戏，而是应尽快开发适合青少年健康成长的网络游戏。在这个渐行渐变的过程中，需要每个青少年自己的判断和把握。

再说网络的安全问题。

360 首席大数据分析师认为，网络诈骗案件的发生，多与个人信息泄露有关。青少年已经成为互联网的主体，其个人信息安全和保护，更需要引起重视。《2015 年青少年上网安全分析报告》出具了来自 360 补天平台的数据，1~4 月，向补天平台报告有效的中小学校网站漏洞 175 个。经补天平台安全专家确认评级，其中高危漏洞 139 个，占 79.4%。因此国家启动了体验式网络安全教育活动，你们的同龄人在国家网络安全宣传基地实地体验钓鱼 WiFi、改号软件时目瞪口呆——亲眼看到钓鱼 WiFi 怎么窃取手机里的账号和密码，改号软件又是怎么让普通的手机号，在来电显示里被转换成“10086”“95588”等运营商和银行的客服号码。这是多么惊人的现实！而客观存在的应对意识却是，初二一个班级的 29 位同学中，有 15 名带着先进的 4G 手机来上学，当工作人员向同学们发送了内容为网页链接的短信时，大多数学生的第一反应都是“打开看看”。面对记者“不怕中毒吗”的询问，孩子们普遍的回答是“到时候再杀毒呗”。约 50% 的学生都反映过遭遇 QQ 被盗。在对多账户使用同一密码、使用生日或姓名全拼当作密码等安全隐患的调查中，青少年网民占比都高于网民整体，40.3% 的青少年在扫描二维码时“不会考虑是否安全”。360 公司发布的《360 浏览器上网“防忽悠”研究报告》还显示，在网络受骗的用户中，青少年成为网购最易被骗的人群，其中“90 后”比例高达 49.2%，成为最易上当的群体。16 岁以下的青少年中，男生较女生更易遭遇网络诈骗，最小的网络诈骗报案人只有 11 岁，在遭遇诈骗的男生中，人均损失近 2000 元。报告同时显示，对于不熟悉网络诈骗的青少年来说，手机和电脑同样危险。青少年在电脑上被骗的人数和在手机上被骗的人数相等，各占 50%。但从具体途径来看，在 PC 端，青少年主要因社交而上当受骗，这一群体占 52%，其次是购物网站、游戏网站；而在手机端，诈骗短信排名第一，占 39%，其次是钓鱼网站、诈骗电话。

情况真的很严峻。无论从保护青少年财产、人身安全的角度来看，还是从网络与青少年的良性接触与互动的愿景来看，加强网络安全教育的任务显然已经刻不容缓。事实上，发达国家在这方面也起步较早。早在 2006 年，英国学童就已开始接受必修课程：网络安全教育。美国联邦通信委员会在 2010 年也要求绝大多数美国中小学向学生开展网络安全教育。

再说网络的双向性、走向和价值判断。

在我喜欢的纪录片《互联网时代》中，关于隐私一节中，有这么一句话："我告诉你，互联网绝对是矛盾的，它能给出最好的和最坏的（未来），而这取决于人类自己。"——这是前法国国家图书馆馆长让·诺埃尔·让纳内的判断。片中在《危机》这一章说："谷歌的街景车还未驶出人类争议的视线，利用脸部识别技术的图像搜索又来到人们身边，你偶尔露面的一瞬就会勾连出你人生痕迹的所有。因此，人类的精神来到了历史性的十字路口，拥有隐私的人类当然是幸福的，人性不可示人的一面有了活动和收藏的处所。于是，人际相处的社会天空里便总是荡漾着自尊、柔和、高贵的云霞。不幸的是，在人类历史上，利害、效能总是成为与精神较量的胜利者。"网络改变了未来生存的很多规则和约定俗成。有趣的是，英国的大学教授接着告诫：在伴随互联网成长的全过程，波及全球的保卫隐私的战场上，中国身处情境的复杂性，既来源于特定的发展阶段，更来源于过去连绵不绝的数千年的文明史。就是说，即使在面对开放性最强的互联网时代，一个国家、民族也要从自身的文化传统出发，寻找与世界最好的连接点。

面对互联网时代，我们需要以极大的热情去拥抱它，才不至于丧失一个民族伟大复兴的契机。同时也要以自己丰厚的历史文化为后盾，缔造属于这个特定时代的文明。正像本文开头知道你名字的来源一样，我们需要知道互联网带领我们去的远方和未来是什么。那里不仅仅是谷歌的街景车、脸谱网抹掉了人类的隐私，而是智慧之上再生智慧，云端之中生成数据、链接、完善，更美好地属于全人类的文明和幸福。如庄子所描摹的磅礴想象——扶摇直上九万里，鹏程万里越图南。

唤醒心中的诗意

成成：

我是一个喜欢诗歌的女孩。但是，这好像有点与周围格格不入哟！大家似乎更喜欢穿越玄幻、电游、足球、言情小说甚至武打片。有一段话说：青春不仅有玫瑰，还应该有远方和诗歌，诗歌宛如青春玫瑰花瓣上的露珠。无论中考还是高考，都有不写诗歌的要求。古语有“腹有诗书气自华”，但是我却觉得自己没有“气自华”的自信，甚至有点觉得自己怪怪的、飘飘的，是我们这个时代抛弃了诗歌，还是诗歌已经远离了我们这代人？

格律诗

格律诗：

我很喜欢你给自己起的这个笔名，也真正喜欢格律诗。它的凝练与婉转、韵律与意境都如在尺幅间描摹万物与哲学的水墨画一般韵味无穷。大致来说，每个中国人，都是在诗歌里不知不觉中完成了自己生命的成长。从文化源流来讲，我们都生活在《诗经》的下游。小时候，奶声奶气就背诵李白的“床前明月光，疑是地上霜”。睡懒觉的时候，妈妈是不是用“春眠不觉晓，处处闻啼鸟”叫醒你？青春时光，“少年不识愁滋味，爱上层楼。爱上层楼，为赋新词强说愁”的惆怅，《春江花月夜》里的“江天一色无纤尘，皎皎空中孤月轮。江畔何人初见月？江月何年初照人？人生代代无穷已，江月年年望相似”——深沉哲学使它成为永远的青春之歌，“身无彩凤双飞翼，心有灵犀一点通”的爱情顿悟，又怎能没有诗歌的点化？中国人与诗歌的不解之缘可以用诗教来概括，这是一条万古流芳的河流，滋润着一代代国人的心灵。林语堂先生曾经在《吾国与吾民》中说过一段关于诗歌的话是我非常认同的：“平心而论，诗歌对我们生活结构的渗透要比西方深得多，而不是像西方人那样，似乎普遍认为对它感兴趣，却又无所谓的东西……如果说宗教对人类的心灵起着一种净化作用，使人对宇宙、对人生产生出一种神秘感和美感，对自己的同类或其他的生物表示体贴的怜悯，那么依我所见，诗歌在中国已经代替了宗教的作用……诗歌教会了中国人一种生活观念，通过谚语和诗卷深切地渗入社会，给予他们一种悲天悯人的意识，使他们对大自然寄予无限的深情，并用一种艺术的眼光来看待人生。”

钱理群教授也讲：“诗歌的价值是不会因时空的转换而转变。可以说，诗歌伴人成长。”除了智力、情感和创造力开发等作用外，还能起到语言开发的作用，因为诗歌有最优美、最精粹的语言。诗歌凝聚了时代精神、文化传统的精髓，也能起到文化传承的作用。诗歌是教育，它能使我们获得对世界最好的理解。

中国是一个诗的国度。中国人自古崇尚“诗意地栖居”（海德格尔语），你看到今天多少人仰望着陶渊明“采菊东篱下，悠然见南山”的闲适与超脱。中国也是一个具有丰厚诗教传统的国度。“诗教”一词，初见于儒家经典《礼记·经解》篇，所谓“温柔敦厚，诗教也。”诗教传统源自儒家文化。“诗言志”是诗教源头的理论阐释。孔子说：不学诗，无以言。不学礼，无以立。诗教的核心概念还有“尽美尽善”说、“思无邪”说以及“兴观群怨”说等。

诗教首先是审美。诗的语言是最精美的语言，诗与乐舞联系在一起，有音乐的外在形式。“如切如磋，如琢如磨”“巧笑倩兮，美目盼兮”，这是多么美的语言；“师挚之始，《关雎》之乱，洋洋乎盈耳”，这是音乐之美。

诗教是情感的熏陶。《诗经》基本都是抒情诗，中国人认为诗与乐的原始抒发点就是情。《礼记·乐记》说：“诗言其志也，歌咏其声也，舞动其容也。三者本于心，然后乐气从之。是故情深而文明，气盛而化神。”

诗教是文化的通道，包括宗教、政治的教育，伦理、道德的教育，民俗、风情的教育，博物、识字的教育。比如《诗经》里就有美丽的植物、多情的飞鸟，它既是审美教育和情感教育最好的知识载体，也是这两种教育所要达到的最终目的，使吟诵者最后成为一个知情意相交融的完善的人。

在中国人的心灵深处，诗的位置是无法彻底根除的，最多是有时候隐藏一些，有时候张扬一些。比如每到中秋节，每个中国人都会想起“人有悲欢离合，月有阴晴圆缺”“海上生明月，天涯共此时”之类，而在这些诗歌中，其实就内在地规定了中国人的人生态度与情感方式，一种伤感于时光飞逝的无可奈何的虚无感，但又自我安慰心存乐观，这些都是深入中国人的内心深处的。所以有人甚至感慨：西方有《圣经》，中国有《诗经》。

在古代，中国人失意时、悲观绝望时，诗歌都能给他们心灵的安慰，因为诗歌里有一种永恒的超越性的力量。在我们所处的时代，恰恰是一个传统价值道德回归、新的规范伦理尚待重建的过渡时期，在这样的时代，精神的匮乏与需求愈显突出，灵魂的引领与提升日趋急迫，有人说："唯有诗歌还能使我们动心。"确实，唯有诗歌能使我们超尘脱俗、境界高远。因为，与其他的文学样式相比，唯有诗歌是超越性的、高于尘世的，那些永恒的自然山水、强烈饱满的情愫、美妙绝伦的意境，可以使我们灵魂出窍，暂时忘却烦恼与痛苦；可以安慰我们破碎的心灵，让我们抚平激烈拼搏竞争中的累累伤痕。因此，有更多的人认识到诗歌对于当代人的作用，期待着诗歌在现代的人文化成。我认为诗歌正在回归，正在从古典、传统和现代、全球一个时间、一个空间的维度再次重生。你们也不例外，也不会例外。

成成特别推荐中国古典文学专家叶嘉莹的诗词教育观，她说：诗，让我们的心灵不死！诗可以"正得失，动天地，感鬼神"。她说："倘若一个人听到山鸟的鸣叫、看到花开花落的变化都会从内心生发感动，这样的心灵才是纯净动人的。"她深信，历经千百年淘拣的中国古典诗词"博大而善感"，一定能引领现代人踏进岁月的长河，品察生命本真的况味。北岛《给孩子的诗·序》中说：我相信，当青春遇上诗歌，往往会在某个转瞬之间，撞击火花，点石成金，热血沸腾，内心照亮，在迷惘或昏睡中突然醒来。成成也希望你们有空看看深圳中学马小平老师的《走近诗歌》，他为诗歌融入青春"寻找"了三条"理由"。一是为了一种诗意的生活。马老师对此做了这样的发挥："所谓诗意的生活，就是避免情感的沙化，让我们的心灵不再那么粗糙，情感变得细腻，精神变得丰富。""在诗意的生活中，人就更能成其为人，灵魂就可以更清澈。抵达诗意的生活的捷径，就是阅读诗歌。"二是诗歌能够使我们获得对世界的最好的理解。三是诗歌是教育，而且是最好的教育，它增进人与人之间的沟通——因为诗歌是诗人灵魂的产物，灵魂的交谈方式是最能抵达根本的交谈方式。

格律诗，别忘了，苏轼说过"腹有诗书气自华"！我也喜欢这句话：心有猛虎，细嗅蔷薇。无论在多么磅礴的时代，我们的心灵也期待那份古典的明亮和宁静！

抑郁，因为爱？

成成姐姐：

我是一个具有艺术气质的女孩，敏感细腻独立。和父母早就没什么话可说了。前一段时间，我发狂地喜欢上了一个爱打篮球的男生，他的个子很高，很阳光。为此我也买了运动服，打羽毛球，为他当啦啦队加油。很快，他就在人群中注意到我了，我们牵手度过了一段浪漫的时光。后来，我觉得他和哥们儿在一起时嫌我多余，对篮球的热爱多于我。我生气，他跑了，我很难受、抑郁。傻傻地睡了几天，脑袋里还总是他的影子，对什么事情都提不起兴趣，独来独往，我该怎么办？

明浩

明浩：

美国一家杂志对 8000 名青少年进行了调查，结果发现，青少年之间的恋爱，很有可能使他们患上抑郁症。该书中写道：因青春期恋爱引起的抑郁症，在 15%~20% 的青少年身上会有早期症状。如感觉日益孤独、睡眠增加、饮食或行为改变等，这些症状如持续出现两周以上，最好就去看心理医生。美国专家最后忠告：青少年不要过早地坠入爱河，应积极寻求自己更广泛的兴趣点，好好学习。你的情况与此有点类似，特别建议你找朋友倾诉，或者找心理教师寻求帮助。从来信看，你是个开朗的女孩，在这件事情上，应该拿出勇气来，该放下就放下，快刀利水，也是一种气质。

青春期要学会保护自己的情绪。这个特殊时期，情绪往往会变得难以捉摸。人生的第一个转折期悄悄来临，感觉自己不再是小孩子了，旧的人生体系开始瓦解，而新的体系尚未完全建立，所以是一个心灵的断乳期、转折期。同时。青春期也是理性的大厦，价值观、独立人格全面建立的关键时期，学会善待和疏导自己的情绪，也是把握幸福的航向。

对异性的关注和喜爱成了你们生活中的一个崭新内容。你会毫不犹豫地为这种新产生的感情雀跃不已、激动不已。但是走近以后你会发现，这种情感像情绪一样不稳定。即使你不管不顾，以“爱”的名义全部投入，也是不稳定的感情，因为双方，谁也不愿意控制自己、禁锢自己。从成人的角度看你们尚未定型，因此就要洒脱一点，不要对缥缈的感情太过执着。

研究证明，青春期女孩将她们大部分的自尊都放在良好的人际关系上，因此，此时她们对自己是否属于某个团体、是否受到同伴欢迎更敏感。一旦感到人际关系紧张或消极，极易让她们感到压力，可能因此引发抑郁症。比如你看到与自己牵手的他回归到队友中，其实这是很正常的，即使结婚之后的男子，也离不开哥们儿的“团队”，正如你大概也一直会有“闺蜜”。因此，你的抑郁大概并非全部来源于他的举动，而是来源于你的人际关系格局的变化引起的焦虑，你想一想，是不是？

明浩，另外希望你投射感情给更稳定的感情对象，比如，父母永远是给孩子帮助最大的人，也许你觉得父母是最爱你的人，但不是最理解你的人，这一点，你现在永远无法明白，直至你自己做了父母（这里不包括丁克一族）。你会反省从青春期开始至现在与父母发生的冲突，你也有不对的地方。人生的许多事情大同小异，但在狂躁的青春期里，父母的经验往往成了阻碍而不是帮助。你要过完全与父母不同的人生，但你最终会发现，很大部分的人过上了相同的生活，少部分最有勇气的人过上了与众不同的生活，但是代价高昂。事实证明，尽管有代沟的存在，父母往往是给孩子帮助最大的人。父母有时扮演一个吃力不讨好的角色：从心灵上他们对自己的孩子有太多的不科学的期望；在精神上，有太多自我牺牲；在身体上，要争分夺秒地工作与挣钱。

多么希望每个孩子安全而完美地度过他们的青春期，和他们的父母深入交流，共同成长。这需要双方设身处地地为对方想想，也可以换位体验一番：可以让孩子过一天父母的生活，去挤公共汽车、上班、处理各种繁杂的事务，应对复杂的人际关系，回到家，还有干不完的家务，以及在情感方面对子女的经验之谈。而家长呢，试着过一天孩子的生活，拼命学习、对付考试的压力、家长的唠叨、老师的责骂、青春期身体带来的烦恼。那时候，也许双方就不再沉浸在自己的理由和想象里，而是正视情感，走出抑郁或者消极。

如果你的抑郁情绪很长时间没有缓解，那就需要重视了。要知道，抑郁症已经成为我国经济社会转型时期不容忽视，也无法回避的问题之一。据世界卫生组织统计，到 2020 年，抑郁症将成为仅次于心脏病的第二大疾病。近年来，该病已经开始蔓延到青少年群体。据介绍，抑郁症有三个核心症状：情绪持续低落两周以上、感觉生活无望、兴趣缺乏。除此之外，它还有一些伴随症状，比如有自杀想法或行为、思维迟缓、认知下降、睡眠不足、身体不适等。有专家统计，目前我国抑郁症患者就诊率不足 10%。因此要调适心理，注意饮食，与家长、好友谈心，让青春快乐飞扬起来。

你是快乐的，家才是幸福的

成成姐姐：

我是不快乐的初中生。为什么人家都说是如花的青春，到了我们这一代人身边，就变成了日日紧张的上课，被老师严密监控的刷题，每月的月考，每天做不完的试卷。你即使有话想说，身边的同学就是竞争对手，家里面没有哥哥姐姐。一个人孤单地长大，一个人压抑地行走，做题的机器，分数的奴隶。手机不敢开，朋友不敢交，和爸爸妈妈没什么可以沟通的，除了考试成绩。若多说点什么，父母的心理压力也会很大，但是常常跟他们闹别扭，没办法，当青春期撞上更年期……据说，尤其是母亲，在这个年龄容易抑郁，那么我们，这样的青春期是不是也容易忧郁？

不快乐的小鸟儿

不快乐的小鸟儿：

成成姐姐很能理解你不快乐的状态。正值青春期，你们生理上急剧变化，心理动荡，学业紧张繁重，综合起来，所面临的生理、心理和社会变化的压力相当大。加之一直以来，应试教育的压力以及有所偏颇的社会风气、文化的负面影响、家庭教育的偏差——在物质生活上日趋丰富的今天，孩子的精神世界岌岌可危。

首先，在学习方面，有调查显示：中学生在学习方面有焦虑症状者为54.46%，症状明显者为23%，其主要表现为厌学，学习压力过大，注意力不集中，考试焦虑，学习困难。由于人口及就业压力的层层释放，大学虽然已经成为大众教育，但是，上名校却成了新的千军万马过独木桥的格局。孩子们从幼儿园开始就已经加入“起跑线”的竞争轨道上了。其中深层次的原因恐怕是短期难以解决的，愈演愈烈的应试教育使得考卷满天飞，孩子们趴在试卷上的时间太久了，纵使全社会都恻隐了，但是却没有立竿见影的良方。不快乐的小鸟，你要正视两个字：适应，适应！

其次，在人际关系方面的焦虑主要是在亲子关系、师生关系、友伴关系和对异性的看法等方面。调查显示，中学生在人际关系方面存在心理问题占42%。师生关系问题主要表现是，部分教师缺乏平等意识，对分数高的学生百般喜爱，对一般的同学比较漠视。在亲子关系上反映出来的主要问题是一些家长对孩子的期望值过高，只关心分数，父母与子女缺乏沟通，客观上许多父母在单位也面临很大竞争压力，对孩子只能在物质上提供比较丰富的保障，在精神上难以顾及。尤其是面对独生子女的状况没有深刻的省察，片面认为物质上什么都不缺的孩子精神上还有什么不满足的？其实，这是由于父母成长的物质短缺的历史记忆占据了主要部分，事实上今天的孩子一个人孤单长大，在封闭的单元楼里封闭着，缺乏与大自然、其他同龄人息息相通的共同经历，因而缺乏参照、缺乏友情，从而出现不善于与同学交往、人际关系紧张等等友伴关系上的问题。

再次，“自我”方面。青春期是了解自己并悦纳自己的过程。能正确客观地认识自我，了解自己的能力、性格、需要。青春期的我们要做到既不自卑，也不盲目自信；经常进行自我反思，看到自己的长处更能容纳自己的不足，并寻求方法改进，这是最佳的状态。中学生自我方面主要存在以下问题：①自我评价问题，调查显示，59.2%的学生不能正确评价自己，对自己的评价过高或过低。一般女生对自己的评价普遍偏低，男生对自己的评价过高，低年级的学生自我评价高于高年级的学生，成绩优秀学生的自我评价高于学习困难的学生。②自我体验问题，心理健康的学生对于新事物、新任务充满了兴趣和尝试的渴望。乐于接触他人和新鲜事物，具有饱满的热情，情绪稳定。调查显示，不少学生情绪不稳定，情绪情感激荡，消极体验过多。③自制力问题。心理健康的人意志坚定，自制力强，耐挫力强。调查表明，中学生普遍缺乏自制力，意志较薄弱。在中、日以及东南亚孩子的几次集体夏令营中的表现来看，这个弱点显现很明显。

青春期正值心理学家们所谓的“危机岁月”、人生发展的十字路口阶段。一方面，我们的应试教育部分封闭了孩子走向社会的渠道，生活单一乏味，促使他们厌学，甚至否定知识的价值；另一方面，这种单一的生活禁锢了孩子们其他方面能力的锻炼机会，隔阂了其社会化进程，在变化迅速的转型期更加使孩子们无所适从，内心理性的大厦难以建立和确立，因而在行为上更加趋向随意和娱乐化，对网络游戏的迷恋就是孩子们心理飘忽的一个发泄渠道。

当今的社会现在已经开始把“幸福感”作为衡量社会是否发展进步的一个重要指标。作为社会单位的家庭是幸福的，那么社会的幸福感才能提升。父母与子女亲密的血缘关系和子女对于父母无条件的依赖和信任，使得家庭中的心理健康教育具有天然的权威性和深厚的影响力。那么，作为家长，应该很深刻地意识到，孩子如果是快乐的，那么才有家的幸福感。成才是第二步，成人是第一步，培养一个心理健康、能力均衡的孩子，他能够走得远、走得稳，家庭才是具有了核心发展力，才是有凝聚力和幸福感的家庭。

因此，不快乐的鸟儿，你要依赖和相信自己的父母，把你的不快乐和压力跟他们充分谈谈，交流产生理解，理解产生合力，合力构成战斗力！

祝你如花的季节有如花的笑靥。

贫困灼伤了我的心灵

成成姐姐：

我的心在风花雪月的故事之外。

在我上小学的时候，我的家庭开始走下坡路，先是父亲下了岗，他原来是一家很红火的五金公司的职工，曾经风光的日子养成了优越的生活习惯。后来父亲自己搞经营时大手大脚，炒股也赔了，还整天拿着那些废纸一样的股票做美梦。没事就喝酒，醉了就吹牛。可其实大家都越来越看不起他了，连家里的亲戚也是。妈妈后来不得不从工厂买断，到饭馆、商店各种地方给人家打工，不时地被拖欠工钱，后来还推销保险，她有时到同学家里推销保险，我都感到无地自容。有时候家里钱紧，老师又要得急，我只好跟女同学借，我觉得她们更善良些，可是后来她们彼此议论这事，我感到奇耻大辱。我的心很痛，贫穷灼伤了我……我以后的路怎么走……

一个痛苦的中学生　沉默

沉默同学：

本来是要和大家聊一个手机的趣味故事的，可是看了你的信，心里就感到被"拽"了一下，很沉重。成成姐姐是该检视自己，是不是太多地谈到"风花雪月"的故事，而没有对现实中很多很"硬"的痛苦给予应有的关注？比如贫困问题，比如贫富差距、社会公平问题，尤其是这些社会问题无时无刻不在影响着大众的幸福指数，影响着青少年一代的心理成长，这些问题也在参与建设着我们的信仰和情感大厦。

从你的信中我看到一个失落的、落魄的父亲。环境培养和造就人，一场商业风暴、一段过度投机的进程，可能就会造就一批畸形的心灵。当从"单位"这个安全的大车上被卸载，抛到充满风险的真实商战中，方知其残酷。尤其是炒股票，上午你可能被拥进豪华的大户室，操戈别人的命运，可是一没留神儿，你手中的票据，就是永远再没有生气的纸张，不能兑换荣华富贵，而只剩下艰难和伤痛。你已经从父亲的身上了解到了这个真实。这，也是一笔财富。

那么，当父亲在那里愁叹沽酒、借着酒精找寻自己尊严的时候，孩子，你在哪里？你是坐到父亲身边，告诉他你也是他的支撑，还是以后的希望，告诉他振作起来，从头开始？你还是远远地躲在一边，冷眼看他，甚至蔑视他，或者暗暗诅咒他给你带来的坏运气？孩子，我希望你走过去，就像希望全社会善良的人对别人的困境走过去伸出援手那样——何况你们是一家人。

对比你的父亲，你母亲的勤奋、自强是令人敬佩的。然而，对于你所谈到的不公和际遇，我们也早有耳闻。我们一直以来也看到“多起民工用‘跳楼秀’的方式讨要工钱”的报道，不是身在其中，难体验其中的辛酸和苦楚，打工挣钱，天经地义，谁敢这么昧良心，将人逼上绝境，令人心寒！我也尤其不敢认同有些媒体的报道口吻，什么叫“跳楼秀”？你以为那大楼是表演的T台，你以为纵身跳下的不是血肉而是扔下一句玩笑？作为社会第四种权利的新闻媒体如此冷漠和丧失正义感，同样难以容忍。好在，这些现象已经引起了多方关注、大众的支持，相信这种现象是暂时的，是属于特定阶段的。你妈妈的处境会逐渐好起来的，特别是她也会在商海沉浮中越来越成熟，有了自己的一技之长，就会大有改观。至于你妈妈去同学家里推销保险，其实你不应该那么敏感，因为这完全是工作关系，而不是谁求谁，你和你妈妈都没有低人一等，没有丧失个人尊严啊。孩子，你敏感了！

我倒很赞赏你找同学借钱以解燃眉之急，你要是更勇敢些，还可以大大方方找她们凑钱都可以，之后你自己干点家教干点零工挣钱还了，那就更好了。我在高中也有位同学家庭困难，他就常常嘻嘻哈哈地找大家帮忙，过节了，还去同学家吃好吃的，拿好吃的，许多女同学都很喜欢他，盼着他去家里做客呢！大多数的人们都是非常善良的，你要相信这一点。只要努力，多数困境也没有想象的那么可怕，也是能够越过的，重要的是我们的心态，我们让阳光洒进来，我们被温暖而且积极起来。

还是说说我这个曾经贫寒的同学，后来他在班里、校园里推销袜子、毛巾什么的，毕业后几年就成了成功的商人，现在我们同学中有人买房子找他借钱，他还是笑盈盈的。曾经的贫困艰难好像没有给他带来什么伤害，倒让他早熟、能干、适应社会。他对大家说过：我是把大伙儿对我的善良记在心里了。在数年后又一次新年聚会，他背了一个大大的袋子，大家都打趣他半道“劫持”了圣诞老人——他“还给”大家当年许多记不清也早就忘掉的东西，那是他给每一个人精心预备的礼物，一支笔、一个本、一包零食、一块巧克力、一个抱枕——他的感恩和他的经历，让每个人觉得世界美好，充满希望。现在，他是我们同学中间赞助大学生创业、帮助别人最多的。他，成为心灵和物质都最富有的人！

而有个别女同学说：他唯一伤害的是她们少女的心，因为她们太善良了，以至多情，差点爱上他，但是经年之后，看到的仍然是他匆匆的背影……

怎么又转回“风花雪月”了？沉默，成成姐姐是希望你能为自己疗伤，并不只有你在贫困中长大！

青春不能承受之重

成成：

我的一个女友来自单亲家庭，不仅单，而且她的爸爸是货车司机，十天半月不能在家，她只好寄养在离学校最近的亲戚家。离开了妈妈的她非常敏感，表面上大大咧咧，心里渴望被人尊敬，被人重视，被人宠爱。有人叫她美女，她会白人家一眼，有人叫她公主，她会热泪盈眶……孤单的她后来越来越不愿回家——不是家的家，越来越与人纠结在避风塘这样的地方，最近我发现她点燃了一支烟，在袅娜的烟雾后，是一张看不真切的脸庞。我看见了她的苍白和脆弱……我看见一颗灵魂从孤单滑向深渊，但是却无能为力。

琪琪

琪琪：

你讲的单亲家庭的事情，在当今非常普遍。据一所重点中学的校长介绍，他们这类学校来自单亲家庭的孩子比例达到 20%。校长在每年新生家长会上，都要语重心长地劝说家长为了孩子不要轻易离婚，因为在孩子的青春期和青春前期，父母离婚这件事对他们的影响是不可想象的，甚至可能从根基上毁掉了一个孩子的世界观，特别是深刻影响他对于家庭和婚姻的看法。

是啊，青春期是一个孩子开始成人，一个人的世界变成完整的或者说是两性世界的开始。父母的情感和婚姻质量是孩子观察两性关系的第一个窗口，是活生生的例子。假如父母吵架、打架、起诉、分割包括他在内的一切共有“财产”，对他而言就是地动山摇。可是，我国在这个社会转型期，离婚率一直在攀升。特别是我国现阶段的离婚不仅关乎感情，似乎更关乎金钱、物质，掺杂了更多物欲的东西，不纯粹，甚至难堪，就更加让孩子迷惘和失落。

在这样的迷惘和孤单中，在被伤害后，不少单亲家庭的孩子开始了独自的令人担心的探索，他们很快发现一切似乎唾手可得，因此容易抓住一丝温暖当作自己的寄托，但是青春期的情感注定摇摆不定，在经历变化时，他们无人帮助，而又往往过分执着，于是，他们无理性地坠入更深，失去自我，遭到抛弃，直至自轻自贱。这在客观上打击和摧毁了他们本来就不自信的世界。于是，破罐子破摔，一个痛苦的堕落过程开始了。

很多单亲家庭的孩子都会比其他孩子更早地接触异性，接触性，这是来自心灵深处的孤单产生的渴望，也是他们处于成长环境产生的探究的需要。但是在现实中，不存在真正的“避风塘”，而是更多的风雨泥泞——眼中有泪的日子，脚下的路就更泥泞。一个积极的自尊自强的人，应该寻求积极的帮助，如找心理老师，请求同学好友父母的帮助，开放内心，消除自卑，超越当下，赢得未来。许多家长，特别是不能常常陪伴孩子的，都指出过不许如何如何，但没有告诉这么做的价值和动机，更没有贯彻到孩子的心里。正如美国治疗学家皮尔萨博士指出的那样：父母开出一张不能做什么的清单，孩子反倒产生“听上去很有趣，我为什么不试一试”的感觉，因此，他建议：在对子女说出能做什么事情的同时，一定要同时说出两种以上不能做的事情，如当发现孩子已经坠入情网时，告诉她不要轻易偷尝禁果，告诉她怎么应对对方的过分要求，让她知道拒绝性邀请，会使她获得意外的尊重和信任，没有人会尊重一个在性方面随随便便的人。英国哲学家罗素曾经说：一切无知都是令人遗憾的，但是在性这样的事上的无知，则是严重的危险。

你说：小时候离开了妈妈的她非常敏感，表面上大大咧咧，心里渴望被人尊敬，被人重视，被人宠爱。有人叫她美女，她会白人家一眼，有人叫她公主，她会热泪盈眶……孤单的她后来越来越不愿回家——不是家的家，越来越与人纠结在避风塘这样的地方……看到这样的文字，我也看到了你的同情和担心。父母的爱、父母的呼唤是一个人成长中内心最强大的核心，那就是无条件地被爱、被接纳承认，所以无论别人称呼为美女或者公主，都很自然，这就是内心深处的自信啊，不会轻易随着外界给予的那一点一点小温暖、小确幸就走掉了。

你所讲述的例子，你所表现的担心，就是我们以上谈到的这些。有时候这样的事情属于绝对的隐私，别人爱莫能助。如果送给她一本书，有时候给予一点点点拨，默默传递些温暖，可能就会有很大的改观。我推荐你们看看经典，比如那本享誉世界的《自卑与超越》。但愿能帮到你们！

圈子与格局

成成姐姐：

刚开学不久，我发现班级里就有很多的小圈子，比如有“历史故旧”的，原来同班或者同校的，还有“新兴知交”，比如上同一个课外班或者相同爱好的……有时候组织班级活动感觉需要突破这些小圈子，可是后来我也成了“圈子中人”，比如我管理广播节目，周围有一帮同人，我做地方历史板块栏目，又有了一批围绕历史老师的爱好者。有时感觉自己的交际太广了，费时间；有时又会担心错过更好的那样的圈子，比如，有些同学就只是围绕功课相互比着劲头学。该怎么理解圈子，对我们的个人成长有多大影响？最有价值的选择该是怎样的？

小愚

小愚同学：

看得出你是刚刚升入中学，而且你可能担任了班干部或者参加了学校的社团，所以在忙忙碌碌中充满了成长的蓬勃张力。你谈到的圈子现象或者圈子，的确也是普遍的存在。你看，我们成人现在差不多都有微信，都在刷朋友圈，你们呢，也有自己的班级群、社团群，等等。即使在过去没有这么发达的通信设施的时候，圈子作为次生文化圈，也客观存在。即使毕业很多年了，不少人还是和自己当初的朋友圈互动，甚至走上怎样的道路、经历什么样的转折，都与此相关。有句话说：泥土因为靠近玫瑰，吸收了它的芬芳，从而也能散发出芬芳的香气；我们人也一样，和什么样的人相处，久而久之，就会和他有相同的“味道”，所谓“臭味相投”就是这么来的，嘻嘻。但是我们都希望，我们与圈子浸润的，不是“臭味”，而是“芝兰”，那种馥郁的香味历久弥香，终身受益。在成功学中有这样一个段子，在主题为“创造财富”的论坛上，一位发言人给现场听众做了这样一个小测试：“请大家每人拿出一张纸，写下和你相处时间最多的 6 个人，也可以说是与你关系最亲密的 6 个朋友，记下他们的月收入，然后算出他们月收入的平均数，这个平均值便能反映你个人月收入的多少。”测试的结果是肯定的，让所有人都惊讶不已。圈子就是一个人精神的生态圈，也是经济的同阶层，大致如此。

对比于成人，青春期青少年之间的交往，除了一对一式的密友、知己型的交往外，还存在着“伙伴群体”现象，即“小圈子”现象，即两个或两个以上具有相似地位和层次、大致相当的素质、相互认同的目标和行为规范而发生相互交往的人群。在这样的群体中，人和人之间有一种相互的默契，大家都会遵循共同的准则行事，成员间关系平等，感情上彼此依赖，价值观相互认同，互相信任，自然形成一个具有排他性的“圈子”。学校的圈子大致有以下几类：

1. 挚友群。其关系密不可分，相互信任，相随相伴。

2. 好友群。由几个挚友群结合在一起，具有相对的排他性。

3. 伙伴群。由几群好朋友聚合在一起，一般具有相似的兴趣和价值观。

4. 青少年团伙。一般由那些受朋友或伙伴群轻视、排斥或拒绝的失意青少年组成，他们的活动多半具有反社会性和肇事性。

5. 正规群体。即由学校或社区正式组织起来的青少年群体。他们按计划进行活动，一般有选举或委派的负责人。

圈子的存在，确实给青少年的心灵以安慰、给情感以满足，同时，也为其成长提供了一个切近的小环境。在认同中肯定自我存在的价值，对于消除孤独感以及自信心的培养和巩固十分有利。如果这类小团体中建立的良好规则，对信义的讲求、磊落率直的人际互动方式，对你们的成长和学习具有一股无形的凝聚力和巨大的推动力，同时也提高了相互间的约束力。团体中不同成员个性中的优点与突出之处，成为大伙儿竟相仿效和学习的榜样，从而无形中又创造了一种相互影响和相互学习的小课堂，使小伙伴们不断获取精神营养、不断创造新的成绩、展现新的面貌、焕发新的不同于他人的魅力，在青春期健康地成长，这无疑是一种正面效应，是应该提倡和发扬的。

但既然是小圈子、小团体，就有一定的局限性——排他性。排他性，会使小团体中的青少年处在一种闭关自守、夜郎自大的状态之中。如果正确、正当、正义、向上的声音、健康有益的文化知识和道德修养得不到发扬与巩固，变成一个与外界隔绝的密封舱，交友、交际的范围受到限制和制约，甚至画地为牢，对外来的一切人、一切声音采取极端的手段，造成小团体内部人员心理上的冷漠、仇视、感情用事等等，成为“哥们儿”义气的“小山头”，顺我者昌，逆我者亡。这是应该引起注意的，特别是其中狭隘的义气，有可能酝酿不良的后果。

据统计，无论你的圈子有多大，真正影响你、驱动你、左右你的一般不会超过八个人，甚至更少，通常情况只有三四个人。你每天的心情是好是坏，往往也只跟这几个人有关，你的圈子一般是被这几个人所限定的。在有些特定的时候，我们需要小而精的圈子，比如像你描述的专门针对功课的朋友，他们首先是集中精力更务实，因为你们不久要面对苛刻的升学考试，但是学习毕竟是多元的，能力的锻炼也是重要的，你也不必因为自己的交友广了一些就不安，看自己的精力和效率仔细安排吧！

在你们的成长中，还有一些非常美好的际遇是值得把握的，那就是好老师和好同学。志同道合的一群人，有人可为我师，有人堪为我友。如果产生积极的"师友夹持"，对一个人的成长就是催化剂。所谓"师友夹持"，是说因个人能力、意识、志向、性格、毅力等等缺陷，可能无法很快独立，但前有良师，后有诤友，想偷懒，想不进步，会有"师友夹持"你，迫你站立、迫你立志、迫你坚持，有老师在面前教你，有朋友在旁边相辅助，像用一个夹板一样把你给夹起来，你跑也跑不掉，荀子所谓"蓬生麻中，不扶而直"。"求友以匡己之不逮，此大益也""师友夹持，虽懦夫亦有立志"这两句话就是曾国藩对"师友夹持"的解读。假如你希望更好的话，你的朋友一定要比你更优秀，优秀的人相互砥砺，不仅有朋友圈的减压作用，而且有激励的动力和智慧的撞击，甚至伴随灵感的勃发。所以当你有那么多的圈子，感到你的成长那么丰富和多元，这些经历会深深地影响你、塑造你。

还有很多中外的"朋友圈"的佳话值得仰望。1727 年，21 岁的富兰克林和书友们组织了一个交流和切磋知识的团体"共读社"，在那个等级森严的社会里，他们不分地位高下，共同的志向和爱好把他们凝聚在一起，竟达 30 年之久。之后在此基础上于费城建立了北美第一个公共图书馆！可以说，这个圈子的力量推动了社会进步和文明的演进。想想，今天我们被互联网所联系的世界，该有怎样的圈子和格局？准备你的头脑、见识，好好和这个世界优秀的人互动，以开放的胸襟创造前所未有的美好吧！

淑女的内涵与外延

成成：

事情从体检讲起。男同学在女生体检之后，不知怎么很快就得到了她们胸围的排名，并且加以预测，出炉了一个排行榜。被排在榜首的女同学气急败坏，还没有穿好衣服呢，有一个冒失的男同学就闯进了医务室，女生马上就是一顿劈头盖脸的打击，那个男生连连求饶，还是鼻青脸肿，最后所有的男生都说现在的女生一点都不淑女。不淑女怎么了，就你们也配要求淑女？我想问问，淑女这个概念在当今，对于这些野小子是否已经老土？

舒雅

舒雅：

成成姐姐在一次班主任培训会议上听到老师讲，你们这些小毛头之难管——列举一二：

女同学上课举手要上厕所，未待老师究竟，男同学便积极告诉老师说：老师，老师，您快让她去吧，她来了，她来那个了！

女同学搬动了一下桌子，站着的男同学做遭遇袭击状：你把我的老二给挤扁了，你赔啊！女同学窘得满脸绯红。

……

我可以以和煦的目光来看待小男生的热忱和探究，但是小男生们知道女同学的感受吗？她们可以有自己的隐私吗？她们在被曝光后，心理会发生怎样的变化呢？

这是无处安放的青春期动荡啊！

淑女和君子是中国传统意义的礼教名词，我首先说，这两对名词应该有对应关系，像你的女同学质问他们野小子配吗？是的，在目前国学走进校园之后，大家更应该体会到：中国式的人格审美，即使在新的时代背景下，也要求着作为人的规范和美德，如“己所不欲，勿施于人”“慎独”“君子之天行健”和“贤淑通达”。

新的历史条件下，依然倡导女人在仪表、谈吐、举止、思维上和行为习惯上独具中国特色的女性魅力，真正表现出女人纯洁、温柔、真挚的人格魅力。提倡做淑女，总比提倡做“野蛮女友”“作女”好。这并不意味着复古倒退，不合时宜，束缚个性，而是使女人更具有个性、魅力和品位，恢复女性的本来面目。

关于女性话题的种种观点中，“独立、平等、智慧、灵秀”等，似乎已成了各色人等的共同审美理想。而诗经中的“窈窕淑女，君子好逑”这一脍炙人口的名句，正好说明中国的传统文化中，淑女美德是重要的内容，尤其是在“野蛮、性自由”被一些人拿来当作新女性标签的时下，淑女的气质和风范，更显得弥足珍贵。

现代淑女的性格应是外柔内刚、刚柔相济，在柔情似水的外表下，跳动着一颗坚强的心。她们不再是传统淑女的软弱，也不是令人望而却步的女强人。现代淑女深深懂得，刻意追求的强悍，与女人真正的内心世界反差太大，是毫无韧性的坚硬。因此，现代淑女用最温柔的方式换取最优厚的社会“待遇”，她们是懂得女性天然的弹性释放并获得灵性的。她们从不抛弃生活与爱情，而是理性地去爱，充分享受爱情的甜蜜；她们真诚地去生活，享受生活中的一切美好。

中国与淑女面对的是君子，西洋与 lady 而对的是绅士，在绅士的观念中，永远“lady first”。lady 作为主流社会的弱者形象受到特殊的关爱与呵护。在紧身胸衣与裙撑盛行的时代，教养良好的淑女都懂得如何在适当的时候昏晕过去，好让身边的绅士英雄有用武之地。淑女在女性范畴中是强者，在男性范畴中则有时扮演弱者。这其中的分寸便是作淑女的要领了。

人在社会中可以扮演多种角色，当代社会给了女性前所未有的选择，当然她们也主动呼应男性世界的要求。美丽高雅、知书达礼、善良恭谦的女子是男人心中一个永远无法释怀的情结，有人说淑女是不因年华逝去而消失的，她宛如深深的烙印刻在男人们的心中，“腹有诗书气自华”，有一颗年轻、向上的心，在生活中从不放弃那一份从容、优雅与闲适，热爱生活，生活因此而明媚。

成成姐姐一直很庆幸自己工作在文化人的范围中。周围这些知性的女性无不温婉可人，生活多姿多彩。我佩服她们即使在机场候机的时机，也会稳稳地进行稿件的校对，也佩服她们走进学校、走近教师，和大家讨论关于课堂、教材等话题永远那么恳切、细致，仿佛面对的读者就是自己的孩子！大家形成了一个书香浓郁的圈子，读一流的书，谈天说地，也充分地享受亲情、友情、爱情，特别是处于中年的女性，上有老下有小，今天跑医院，明天跑学校，非常坚韧。每年的妇女节，都打趣自己好像是“水泥”做的——《红楼梦》说男人是泥做的，女人是水做的，而我们这个时代的女性真是兼而做之——“迪拜女人只花钱，德国女人只工作，日本女人只带孩子，中国女人就是超人、女汉子。你得工作，创业，洗衣服做饭带孩子，打扫卫生收拾家，教育子女，对外和谐社会关系，对内和谐家庭关系！谁说女人是水做的，中国女人简直是水泥做的。”

柏拉图讲过一个寓言：很早的时候，人都是双性人，身体像一只圆球，一半是男一半是女，后来被从中间劈开了，所以每个人都竭力要找回自己的另一半。我从中读出的寓意之一是，从本原上说，两性特质并存于每个人身上，因此，一个人越是蕴含异性特质，在人性上就越丰富和完整。周国平先生说：也许，在一定意义上，最优秀的男女都是雌雄同体的，既赋有本性别的鲜明特征，又巧妙地糅进了另一性别的优点。大自然仿佛要通过他们来显示自己的最高目的——阴与阳的统一。

看看你周围的女性，你的母亲、你的亲友，她们是不是都那么能干、飒爽，你是不是也在呼唤她们多一点温柔？其实，一个留恋《诗经》，徜徉在古典的明亮中的女子阐释着当代女性的价值，本身就扩展着淑女的内涵和外延。是不是？

我的风度……扁扁？

成成：

我不是有型的白马王子。首先亏在我个矮，关于个矮东北方言叫“矬”，跟“挫”一个音。的确，我矮小，首先在心里就先“挫”了！

都怪我妈！俗话说：爹矬矬一个，娘矬矬一窝。

我们班的女生简直是母老虎。她们极尽挖苦之能事，把“风度翩翩”那飞起来的羽毛、飘起来的感觉杀下去，铩羽，就成了概括我的代名词：风度扁扁——进一步解释：扁扁到风可以“度”我到任何地方………我很难过，成成姐姐，安慰安慰我吧。

忧郁的男孩　毛毛

毛毛：

看了这封来信后，我想劝你大可不必忧心忡忡。首先，我想说个矮瘦弱是可以通过体育锻炼来解决的。根据医学统计研究，人体的身高 60% 取决于遗传因素，40% 取决于营养、睡眠、体育锻炼等因素。如何把握后天的 40% 是十分重要的，根据遗传基因长高公式，一般青少年应该比自己父母高，但是因为后天 40% 的机会没有把握好，所以就出现了个子比同龄人矮的现象。可以说，抓住后天 40% 的机会就等于拥有 100% 的理想身高体态。

有学者将子女与父母之间身高的关系列出两个公式：儿子的身高 =（父身高 + 母身高）× 1.82/2，女儿身高 =（父身高 × 0.923+ 母身高）/2。我自己就是一个很好的例子，如果按照遗传公式计算我最高也就是 167 厘米，可实际我却长到了 173 厘米，严重超标。缘由是我在小学高年级混进校队，每天进行长跑；初中时候在老师的鼓励下爱上背诵，尤其要到一个最早看到日出的山顶上去，这样清晨即起，爬山运动。从初中到高中长辈一直笑盈盈地夸我“长了个灰个儿”，而被同学们呼作“大个儿”！只要你能充分利用后天条件，通过科学的营养、睡眠、体育锻炼，还是可以超越父母的高度。有句俗语“二十三还蹿一蹿”呢！别着急。

其次，我认为你的同学对于一个人的风度的理解有一定偏差。一个人的风度不在于其形而在于其神：良好的修养、得体的穿着举止、优雅的言谈都能很好代表一个人的风度水准。而这一切因素中最重要的就是一个人的自信心，坚定的信心可以使你从骨子里强大，人，不仅是无机物和有机物的复合体，更是精神意志的综合体。人的力量在于精神而不在于肉体。美国影星奥斯卡影帝达斯汀·霍夫曼身高不到 170 厘米，在美国只能算矮个子。可他在银幕上塑造的形象，没有一个人会觉得他身高不到 170 厘米。很有趣的是达斯汀·霍夫曼在七八十年代是多数美国女人心目中的偶像，我建议有时间你可以看看他演的电影。还有就是你要在自己的生活中努力树立一种只可意会不可言传的精神力量，高尔基写的《回忆托尔斯泰》，我很爱读。那里面写：“他走进来，他身材矮小，可是所有的人马上就变得比他更小了。”这是有力的一笔，托氏的精神力量和崇高感一下子全出来了。托尔斯泰在平常人们的眼中只是一个平凡的俄罗斯农夫，可正是这个“平凡的俄罗斯农夫”却写出了不朽的著作。你要领略他小说的宏伟的结构、精妙的构思，担负全人类命运的思考，你就懂得了他作为人的大气磅礴。

最后，如果你在身高上实在没有挖掘的潜力了，而且在心理上也准备承认自己是个矮个子了，那么，就坦然受之吧！你应该这样想：矮个子有什么不好？古今中外、历史现代有多少政治家、军事家、科学家都是矮个子。法国的拿破仑是矮个子，可是整个欧洲都曾经在他的脚下颤抖……这样的例子是不胜枚举的。他们都是矮个子，可世人又有谁小瞧过他们呢？

另外根据调查，人的身高与寿命以及智商都有一定的线性关系，太高，身体灵活性较差，做飞行员也不行，当杨利伟那样的航天英雄也没机会，做衣服还得多买布，民间还有傻大个子的说法（我有时相信，因为我总是脱口而出，好像说话之前大脑和心还没有来得及联系好，路程远吧？嘻嘻！）。所以，个子矮点怕什么，从能力上“高起来”！

再说你讲的瘦弱，这在当今真是难得呢。你看看周围是不是小胖子越来越多。吃得多，动得少，说明不是勤快人哪！你瘦，是不是你很勤快？这可是好习惯。再说瘦可能预示着长高，拉条儿啊。你要乐观些！

相信上天创造每个人都有其独特性和优越性，顺其自然最好。

我的心总是澎湃如大海

成成：

我完了。我的心总是澎湃如大海，难以平静，注意力难以集中，我的世界越来越纷乱混沌。

小学的时候我学习很好，父母也寄予无限希望。可是上初中后，长大的我开始不由自主地思考很多东西，不，是很多东西都钻进我的脑子里，使我不得安宁。希望使我沉重，而现实充满诱惑，功课枯燥而且遥遥无期。这时候我开始探索别人的内心，想知道别人的心理状况，这样我交往了各种各样的朋友，但各式各样的生活却让我更迷茫了。我也读了不少书，想从中找到答案：我是什么样的人？该走什么样的道路？朋友、亲人怎么评价我？但是名著离我太远，网络小说只让我嘴皮子变“溜”了，说笑之间，感到自己仍是孤独的。这时我遇见了一个女孩，纷纷扰扰之中，她的身影格外宁静，那种安静、和谐、自然真让我着迷；我恨不得天天与她在一起，倾吐我的心声，显然这是不应该的，因为我们都不是谈感情的时候，而且也没有资格谈。我也不能拿自己的也许是庸人自扰的破烂情绪去打搅人家，但我确实管不住自己内心的洪流，快救救我吧，泛滥的洪流都快将我淹没了！

木木

木木：

显然你是一个有思考习惯的人，并且内心世界正在觉醒，正在经历成长的蜕变，而且你自觉地让自己内心的纷扰不去打搅别人，你的自立和独立让我对你由衷地敬佩。

思考是人与动物的重要区别，能够独立思考显示的正是人的尊严。这种尊严散发着人性的光芒。尤其在技术化的社会、现代的功利社会，网络在克隆的是一堆一伙的生活，深入地思考反倒显得不合时宜了，也孤独了。

看完你的信，我重新翻了翻歌德的《少年维特的烦恼》，你说名著所述生活离我们太遥远，这一点我不同意。名著之所以经历了时间的淘洗而鲜活在一代代人的精神中，正是由于它总是揭示了人类一些最普遍的情感、价值，比如你的心理状况就和维特内心的风暴非常相像，都属于青春期的自我觉醒和寻找生命的意义的阶段。“少年维特的心是世界上最纯洁、最天真、最可爱的人格，也是一个从根基上完全动摇的心灵，像一片秋天的树叶，无风时也在颤动。这颗颤动的心，有着过分繁复的心弦，对于自然界、人生一切音响，都起共鸣。”（宗白华语）你看像不像？还有，绿蒂，“她的贞静幽闲，动作的和谐，能在平凡狭小的生活中表现出优美、和平……使一切世俗琐碎皆化成美和音乐，她的圆满自足，却与维特形成反衬……”是不是与你看到的追寻的那个宁静身影很像？

人生在某个阶段总会与某个问题相遇，正是在不断思考、深化、顿悟中，形成了自己独特的人生体验，这份独特的体验正是你最宝贵的财富，同时也推动你生活的深度和广度。在歌德晚年的著作《浮士德》中，他以天神的欢歌告诉世人："唯有不断的努力者，我们方能解脱之。""你想走向无限吗？你要在有限里往各个方面走！""你有上天堂的愿望，你就得有下地狱的决心。"也如修炼到一定地步的浮士德所说：我要在内在的自我冲突中深深领略，领略全人类所赋有的一切，最崇高的最深远的我都要了解，我要把全人类的苦难都堆积在我的心胸，我的小，便扩大为全人类的大……也许到那时，木木，你的心灵就会分为两个层次，上面是美、公平、均衡的国度，这是一个觉悟、平衡的境界；下面则奔涌着自然的浪涛，夹杂着狂乱和痛苦。也能把生活分为醒着的和梦着的，知道生命要发扬、前进，也要收缩、循轨。能化情感的泛滥为事业的创造，以实践的行为代替幻想的追逐，从而拥有头脑的轻松自由、思维的秩序和广阔的视野。

说得可能太广泛了，但我仍然喜欢你们被各种各样的风吹来吹去的青春岁月，这是一个充满变数、充满力量的段落，也充满诗意。像澎湃的大海，席卷一切，又孕育一切……我现在的心情是眯起眼睛，欣赏你们在风中的姿态。然后读出青春的《后记》：

所有繁复的花瓣正一层层舒开
所有生命中甘如醇蜜、涩如黄连的
感觉与经验正交织在我心中存在

但愿你以自己的探索和顽强拥有的是一段无怨的青春！也祝福你在青春期脱胎换骨，信仰的大厦落成，一生坚定而充满乐趣，并且卓有建树。

我的“野蛮女友”

成成：

我是一个很正常的男孩子，但是很不喜欢周围的女孩子。她们不仅很辣，而且很疯。初一的时候，大家还不太熟悉，到了初二，她们在班级里常常大呼小叫，别看连只小虫子都怕，但能把男生的耳朵拎起来教训，凶悍无比。有一次，她们把男生摁在桌边上一群女生打人家屁股。有时候是真的打呀，出手还挺重。如果我们对她们这样，是不是有性骚扰的嫌疑？

这些女生怎么了？看了韩国的电视剧《我的野蛮女友》，我想大概现在流行这样的。我的困惑是：她们为什么不能优雅点，非要野蛮不可？

小磊

小磊同学，在收到你的来信后，我就你所说的现象询问了一位做学生工作的老师，她一听就说不得了，现在的女孩子比较泼辣，男孩反倒腼腆些，阴盛阳衰，甚至专家也有“雄性衰落”的研究。

然而心理学的解释更深层的原因是，女孩的第二次发育普遍要比男孩早。也就是大人们常说的“懂事”开始得早一些。这样，她们就会比较早地流露出对周围异性的关注，并且可能采用与环境适应的各种方式来探究。比如一点小事情引得大呼小叫，吸引别人的注意；对男孩要么敬而远之地疏远，有点远距离观察的味道；要么野蛮地侵略人家的“秘密”，有意无意推打揉掐；有时也表现出母性的温存，类似姐姐的样子。

《野蛮女友》中的两性角色的变化，是对传统尤其是东方传统的突破，但我还是无法接受那里面的醉生梦死、跟着感觉走的生活状态。表面上看那好像一种无压力的轻松，事实上可能是逃避。当然宽容一点说，那种率性天真也是难得的。

这样再回到你周围的同学身边，你可能就是在心里对她们的某些行为说：哦，原来如此！人的心理是一个很大的、很纷繁的空间，当你介入和评价时，需要多么小心翼翼。

在“早恋”的阴影下，在过重的学业负担下，许多的少男少女对自己心里涌起的渴望、思绪有点“怕怕”，有不少人是在与异性的隔离中穿过青春岁月，心理学家指出这是不当的。研究表明：处在集体中的人，交往的范围越广泛，和周围世界的联系越多样，他深入到社会关系的各个层面就越深远，精神世界就越充实，个性的发展就越全面。同时男女在智力和情感方面的差异，提供了取长补短的机会，个性的不同取向促使更大空间的渗透，形成更加稳固的性格。尤其在独生子女的今天，“他人是镜子，他人是风景。”其参照功能更难能可贵。因此，你要接受女生有时候的野蛮，有时候的温柔。接受比排斥更深刻。我知道许多的青春期觉醒是从批判开始的，但是一个睿智的人往往会洞见事物更多的联系，即前因后果，所以更大度，更善于理解和原谅不完美，或者你认为的不那么完善的表现。

也是在一部韩国的电视剧里，我听到一句对白说：别这样，优雅点！跟你的期待不谋而合。当学校和家长不给大家进行对两性心理的明里探究的时候，自然的力量就会驱使大家进行“暗中摸索”，当屏幕上古装的格格、现代的韩妹子一代以假寐、装疯卖傻、无厘头的方式展开两性间的关系，将你们启蒙，那么你们可能会对生命、情感产生一种灰色的玩世不恭的打量。将人生幸福的重要因素——爱情、“性趣”降到比较低的玩闹的水准，这种把肉麻当有趣的现象并不是好玩的事情。女生在班级里打男生屁股，这种粗劣的最初接触是对青春期两性美好情愫的摧毁——要是换成一起打篮球更好些。

我看见，我害怕

成成姐姐：

我告诉你一件意想不到的事情。上一个雨天，我猫在书店里很长时间，出来后就看见了我爸爸的车停在路旁，爸爸不是出差了吗？我很疑惑，就在暗处等着，一会儿，爸爸出来了，身边还有一个女人，他们很亲热的样子。我的脑子“轰”的一声，心想，可怜的妈妈！她一直以来的怀疑、哭闹不是什么自寻烦恼、更年期作怪啊！打了一辆车，我跟了他们一会儿，见他们一直往东河那边开去了。回到家，看见妈妈操劳忙碌的身影，我就想哭。我问妈妈，爸爸对她好不好？妈妈淡淡地说：只要对你好就行了。我不敢对妈妈说起这件事情，特别恨那个女人，甚至想杀了她，或者把她打残了，让她下半生不得好过。但是，我到底该怎么办？我们这个家要是解体了，我感到天要塌下来了。

你快帮帮我。

一个哀伤的女孩

哀伤的女孩：

看了你的来信，就好像看到了现代都市言情片中的一幕。我过去常常取笑片子的幼稚，但看了你的信，心里非常难受，这样的事情降临到哪一个孩子身上，都无比沉重，我恨不得大喊一声。

想大喊一声不止有我，还有许多善良而正直的人们。甚至在某个城市，前几年，还有许多人走上街头，呼吁治理社会环境，打出“还我丈夫”的口号。如果说这种滥情是改革开放的副产品或人们精神解放的代价的话，其中最沉痛的还是孩子。

当然在中国的语境中，受伤的女性说出“且行且珍惜”这样的话，如果换到美国的语境，会是什么样？美国一位心理医生在《纽约时报》的文章中说，在出现背叛的关系中，一般说谎或者出轨的那一方反倒在心理上会比较轻松。他们清楚自己一直以来都在做什么。既然道歉了，就可以以改变的形象出现，同时，可以做更好的自己了。而被背叛者却需要更长的时间来恢复，首先是要面对过去，那些谎言，那些每个和谎言有关的片段；对自己的轻信责备，还有如何建立未来的信任。因此，你首先要顾及和照料的，就是母亲内心信任感的坍塌。假如，被背叛者真的是一直被蒙在鼓里，她还要面对“是不是周围的朋友和他一起欺骗我，是不是我被周围的人也背叛”的自我质疑中。所以，她们中很多人需要接受心理治疗的帮助。

人总是生活在一定的历史中的。每段历史都有一些有特色的磨难，比如你现在所经历的，在这个社会的转型期，人们的感情如此浮躁，婚姻和家庭如此动荡。

以上所讲，是说，假如你看到的和推理的就是事实，你也得把它放在大背景中来看，太阳底下没有新鲜事，需要心平气和，要拿得起，放得下。

“拿得起”的具体做法是：先把你看到的和爸爸谈一谈，告诉他你当时的感受，告诉你还没有对妈妈说明。如果父亲承认的确有那么一幕，多半是逢场作戏，或者是一个巧合，那么你应该严肃地告诉他，如果这样走下去，对你和妈妈的伤害有多大，并且强调在你的周围，这样的同龄人的生活和心理状况——现在单亲家庭太多了，这样解体的家庭对子女的影响，特别是心理及今后婚姻方面的影响始料未及。这样即使他心里有什么想法，也会体会由此给你带来的痛楚，会三思而后行。

然后你再跟妈妈好好聊一聊，像两个女人那样。你首先要纠正妈妈关于“只要爸爸对你好就行了”这样消极妥协的态度。告诉她你需要的是一个充满爱意的完整的家，苟延残喘的感情同样让你不安。然后再以别人的例子提示妈妈，即使在为人妻、为人母之后，也应该不断地建设自己，做一个能接受新鲜事物、头脑敏锐、有爱心有见地、生活状态永远年轻的女人。那样的妈妈，才是你佩服的、令你感到骄傲的。对于她自己的猜疑、不安，可以采取积极的行动，保卫婚姻，保护家园。

如果你的爸爸一意孤行，你实在压抑不住内心对那个女人的“恨”，你可以在完成侦察之后，在安全的情况下，比如在舅舅之类的亲戚的陪伴下，找她谈话。有时候，感情的事也是不由自主的，你要体谅到这一点，就是说，如果你讨厌的这个女人不是贪图虚荣，也不是有意破坏别人的家庭，而是性情使然、命运使然，那么你对人家也得客客气气，感情的事情有时不能适应强硬的规则，所以才使眼泪成为武器，你懂吗？

池莉的小说《你以为你是谁》里面对这个难题是这么处理的：妻子的哥哥找到那个女人（第三者），对她说：你如果还和他纠缠下去，我就弄残了他，好让你实实在在地对他好，安安分分地伺候他；反正我妹妹就能保证伺候他一辈子的……浮躁的感情哪儿有那么坚贞，结果那个女人立即放手。那个出轨的丈夫也看到了这种感情的虚无和浅薄。但是，这样的行动就已经涉嫌违法了，只能在小说中存在。你当然更不能用打人甚至杀人的手段，那是犯罪。

“放得下”指的是，如果通过积极的努力，你发现事情已经无法挽回，回天无力，那么你就保全你和妈妈的其他权利，比如你的抚养权、教育资金的落实，你们的居所、生活保障各个方面，必要的话，你要比妈妈铁石心肠，该请律师就请，该打官司就打。

然后就是你在心理上“放得下”，当爱（父母之间的爱）已成为往事，那你就得正视现实，摆脱痛苦的心境，昂首积极地生活。然后再帮助妈妈适应新的生活，提高生活质量，提升个人价值。每一个社会都有它独特的命题，你所经历的也是这个社会转型的一部分。也许在你们的家庭解体若干年后，你的父亲回家了，请求你的原谅，或者他尽最大的努力帮助你的学业和事业，想到这些，想到要走过的岁月，你也会有所平静和从容吧？人总是在经历痛苦之后成熟的，金子是在打磨后发光的，历练自己吧！

当然我最希望的，是以上说的都作废，如：某某某广播站，刚刚说的都不算。你看到的毕竟是一个小概率事件，里面还可能有其他的意外，根本没有什么天要塌下来，而你的爸爸妈妈深情厚谊地营造着一个家，你始终是那个家里幸福的公主。

心里有雨淅沥沥

成成：

我是一个丑女孩。我的眼睛小，鼻子大，嘴巴更大，而且皮肤的颜色先天就很暗。青春期来临，没有女大十八变的欣喜，却有长粉刺的苦恼，脸上不停地“花开花落”，留下坑坑洼洼的痕迹。到什么地方，我生怕引起人家的注意，害怕他们有些吃惊的表情。现在到处美女如云，偏偏我就这么倒霉。

校园不仅是比赛知识的地方，也是比赛长相、个人魅力的地方。我们班的高娃唇红齿白，像个洋娃娃那样娇嫩可爱，当我们一起走路的时候，我能清楚地看到，男孩子们的眼光轻灵灵地从我身上一扫而过，落在洋娃娃身上，他们心中高娃真是“太阳”，在男孩子们层层叠叠迷恋的目光中，高娃的脸总是醉成一片嫣红……这时，我的心里就下起雨来一样，伤感着，淅淅沥沥的……

若娅

若娅：

泰戈尔有句话说：你可以以外表之美来评议一朵花，一只蝴蝶，但你不可以这样评价一个人。美对一个人是一个附加，就像格律对于诗。想你在对着镜子给我写这封信，镜子刻板地反映你的外貌，而它无法反映你在给我的信中所表现出的才华；你周围的异性跟你仅是初步的接触，片面地反映你对他们的吸引力——这是另一类平面的镜子。你很敏感，很受伤。但是你真的那么相信镜子、那么容易被肤浅的反馈打击？凭你在信中的才气，我看好你。你需要好好考察一下自己的内心，是不是不由自主地说：我还有……比如对别人更好的理解，牺牲精神，幽默感，同情心，好习惯，头脑的轻松自由，视野的广阔；你是不是说：我也要……但上帝据说是公平的，他给了一个人美貌，就不给他才华；给了他财富，就吝啬给他智慧。

有一段时间，我爱看电视节目《大家》。那些熟悉的如雷贯耳的名字，真实地附着在衰老的面容、蜷曲的身体上，丝毫也没有明星的悦目。但是只要听上他们一段话，我就会敬重那些皱纹并忽略他们蜷曲的体态，而会爱上那些和蔼高贵的灵魂，因为他们的语言是明亮的，精神是舒展的，人性的光辉让他们永远魅力四射——即使岁月严苛，也仅仅是改变了他们的外貌，你会看到作为一个人的尊严和价值随着岁月怎样的递增和光华灼灼。比如钱钟书和杨绛，即使年老，你看他们的风度气质，也是那样的“贵族”——诗书宽大之气就是那样吧？

再说说我买电脑的事儿吧。刚选的时候我很看重显示屏是纯平还是超平，什么颜色，看着是否舒服；但最后满意的还是它心脏CPU和它的海量内存。IT界的人士有个比喻：人的外貌是显示屏，内涵才是CPU和内存。你想想，内在其实比外表更重要。

长相是客观的，每个时代都有大体的审美取向，但整体就是使人看上去舒服，产生愉悦，并无一定的标准。大眼睛可以风情万种，小眼睛也可以睿智迷人；高鼻梁可以显得高贵轩昂，大鼻头一点滑稽一点幽默，却也能增加亲和力；樱桃小嘴是东方式的秀气，大嘴巴把热辣辣的爽朗传递。对比于残缺，完整健康多么难得和值得珍惜。你一定知道这样一个故事：有一个人嫌自己的脚难看，在他挑鞋子的时候，却看到了一个没有脚的人，知足，会让我们不再耿耿于怀；自信，是丑女孩的光芒。美貌是短暂的，优美的气质更长久。

“色泽的美高于相貌的美，而秀雅谦合的动作更加动人。”对你而言，保护好自己的皮肤，控制“花开花落”是当务之急。我建议你首先在情绪上不要焦虑，然后在饮食上减少油脂摄入和辛辣刺激，然后辅以正规的洗涤用品，掌握正确的护理方法，逐渐就会恢复正常。另外注意牙膏的使用，有些人对含氟的牙膏过敏，会起小疙瘩，你自己注意看看。

如果能注意打造自己的身材，也是弥补不足的一个渠道。在电视上这两年我们看见的演员多样化了。比如有的像林忆莲那样的，也是小眼睛，大嘴巴，但我周围的不少人就很迷她，说有女人味。其实，每个人的评判标准不同，我们又不做大众明星，也就不用太在意别人的目光。但是你如果能够很好地保持自己的身材，不仅因此拥有更多的健康（控制体重），而且拥有长久的青春感，或者你就从今天起“奔跑”吧，汗水会带走你多余的油脂，脸上不再疙疙瘩瘩，排毒顺畅，皮肤渐渐红白透亮，而且最重要的是意志，它会让你穿过岁月而锋芒永存，直至达到梦想的彼岸。

另一现实就是周围男孩子的眼光，对于初步接触的扫描，人们总是从外表开始的，高颜值这个词是把感觉给数字化了。这是坦诚的表达，也是人之常情。因此，那些长相漂亮的女孩总是早早被放到恋爱的运动场，不少女孩子耽搁了读书的大好年华；同时，开始得早的爱情未必就是高质量的，如果不善于持续地经营自己，那么随着岁月流逝，容颜易老，魅力无存，可能就是爱的悲剧，中国自古就有红颜薄命一说，但是“命”究竟是什么？恐怕还是要探究其中的必然性。成成以为真正获得幸福的女性不是那些颜值非常出众的，反而是大众版但是内在有定力的，我们的身边就有这样很多的例证。你不必焦躁于别人轻轻滑落的眼光、身边美人的陶醉，好好经营自己，走有自己特色的自信之路。

现在刮起了一股人造美女风，有勇者在激光、塑胶和刀光剑影下把自己改造一番，或许未来想找到一个另类的长相都很难，连“外貌”都全球化成“美貌”了。这么想，保留自己独特的基因表达，是一件多么有意义的事情啊！

祝你快乐，愿你奔跑，望你拥有微笑与自信，岁月会因为你的努力回报你持久的美丽！

异性效应，异乎寻常？

成成姐姐：

老师排座位的时候，打破了当年许多传统，居然不怕早恋啦，让男女生同坐。可是，这样，真的有点不自在啊，以前我们女同学在一起，聊聊头发啦、衣服啦、男生帅不帅啦，现在，男生的眼睛停在我脸上一会儿，就担心上面是不是沾了什么东西，出状况啦？做题，尤其是做数学题，就很担心人家做出来了，我还在慢慢思考中。据老师说，男女生搭配坐，是为了消除神秘感，培养正常的男女生关系，通过异性效应发展出更为全面的人格，你说，异性效应真的有很多作用吗？

小豆豆

可爱的小豆豆：

异性相吸，这是很多人都有的共识。许多人，尤其是男生，在异性面前非常愉快地完成那些在同性面前极不情愿完成的任务，有时还表现得十分勇敢、机智，这种现象，在社交心理学上称之为“异性效应”。在日常学习、工作和生活的交往中，如果能正确而恰当地运用“异性效应”，往往会收到良好的效果。

1. 利用“异性效应”取长补短，丰富和完善个性。

进入青春期后，少男少女由于激素的分泌，第二性征的出现，使身体外形及体内机能发生了很大的变化。尤其是你们这一代，那真是迅速地进入到男孩、女孩的角色中，少男少女心理上的差异越来越明显。男孩子往往性格开朗、勇敢刚强、果断机智、不拘泥于细枝末节，大气豪放。当然也有男孩骄横粗暴、逞强好胜，“爷”长“爷”短地不离口，强调自己是个大老爷们儿。女孩子则往往文静怯懦、优柔寡断、感情细腻丰富、举止文雅。巧笑倩兮，美目盼兮。这样男女同学相互交往，性格互补，有利于丰富和完善自己的个性。

2. 利用“异性效应”提高学习与活动效率。

男孩在思维方式上偏重于抽象化，概括能力较强；女孩在思维方式上多倾向于形象化，观察细致，富有想象力。因此男女同学在一起学习就可能相互启发，使思路更加宽阔，思维更加活跃，往往能触发智慧的火花。特别是在你们的小组活动、探究教学中，男女同学相互交往，心理交融，思维互补非常明显。“异性效应”，会促使男女同学在异性面前竭其所能，更加努力出色。

3. 利用“异性效应”提高自我评价的能力。

青春期的男女学生由于性意识的发展，往往非常留心异性同学（特别是自己喜欢的异性）的一笑一颦，一举一动，喜欢对异性同学评头品足，同时男女同学又都很重视异性对自己的评价。可以说，异性的目光也会是成长坐标系的一个维度，其中的少男少女一定会规范自己，塑造自己，完善自己，在评价别人中学会评价自己，使自我矫正成长，能力得到提高。

4. 利用“异性效应”增进男女同学间的友谊和团结。

在开展班级活动时，注意男女同学的搭配，培养绅士风度和淑女风范。借助“异性效应”的做法，可以形成一种愉快喜悦的氛围，使集体成员之间产生一定的情感依恋，增强集体的凝聚力。这可以消除学生进入青春期后所产生的烦恼和对异性的神秘感，使男女同学之间的关系正常化，在集体交往中形成纯洁的友谊。

当然，男女同学在交往中既要无拘无束、坦诚相待，相互激励、共同进步，又要注意男女有别，适当把握异性之间交往的“度”，才能使“异性效应”正面效应彰显。在你们老师分配座位时，我想他一定已经充分考虑了以上这些因素，你大可以乐呵呵地接受这一变化。你看，当男同学“扫描”你的脸，你马上会意识到是不是“出状况”了，这种压力会转变为下次出门前照照镜子，微笑一下，看看牙齿，是不是也是美的自我修正？比着做题，很快你们就会发现各自在什么科目、什么类型方面各有千秋，那么不知不觉中，会更好地判断自己的思维类型、兴趣爱好、关键能力，这对于将来分科、选择专业甚者择业都有很大帮助。你想想，若干年后，当你们已经找到各自的位置，从事喜欢的职业，那时聚聚，说不定讨论彼此的当年细节与今天专长的对号入座，那是一件很快乐的事情。你的同座、邻座都是你成长的坐标系，同时，也是你与异性交往的参照。我感到你在一所很好的学校和班级，你的老师与时俱进，你们一定会阳光灿烂地走过青春，收获快乐幸福！

阅读历程，你的精神发育史

成成：

我有一个紧迫的问题，那就是关于阅读。就从我周围的好学生来说，也是可以分为两类的，一种是只重视课本，当然还有教辅，不太关心窗外事，无论文理科都是解题高手；另一类和我接近，就是有自己的阅读兴趣，时常延伸阅读，喜欢讨论思考点什么，但好像不如人家精力集中，考试未必会大胜，但据说将来会走得更远。是吗？我觉得阅读，有时是心灵的需要，但也未必所有的书就那么美好。请你给讲讲阅读，好吗？

纯洁一号

纯洁一号：

德国哲学家费尔巴哈曾经说过，人是他自己食物的产物。同样，我们也普遍认为书籍是人类的精神食物，阅读伴随着每一个人心灵成长，因此阅读的历程就是一个人的精神发育史。著名教育家朱永新先生说：阅读不能改变我们人生的长度，但是可以改变我们人生的宽度和厚度；阅读不能改变我们的长相，但是可以改变我们的品位和气相。所以阅读，尤其是阅读那些最伟大的著作，往往才有可能让我们的精神有真正的高度，所谓经典阅读成就人的精神高度。

为什么读经典能改变我们的生命呢？新东方三驾马车之一的王强先生认为人生最大的捷径就是，用时间和生命阅读和拥抱世上一流的书。他还总结有六类书要涉及：宗教、哲学、历史、心理学、文学、科学领域的一流读物。针对文学的功能，他认为：真正有力量的文字，一定能够对我们的审美进行奇异的再造，在我们对“真善美”的追求上有奇异的启示，有充电的感觉。

而我最想推荐给你们关于读书的格言是：孩子们读书，就可以在桌灯所照耀的小光圈里，准备从事人生的大战——约翰·卢伯克。是的，一个人内心的光明是在你读书时剪断黑暗的灯光里开始的，因为你从此自觉地走向文明，而你的父母必将为你的准备而欣慰。他们从身后注视你的目光也是你奋进的动力。

人生的主要使命是自我成长，成为与潜能相符的人，人生奋斗目标最重要的成果，就是自己的人格。这是著名心理学家弗洛姆说的，也是读书这个大概念的起缘，因此你不用担心读课本或者散乱一点的读书分歧，那只是读书在时间段落上的分配。

“各种蠢事，在每天读书的影响下，仿佛在火上一样，渐渐熔化。”这是雨果的认知。少年的旅程必然是一个和世界渐渐融合的过程，因此我们肯定会不断犯错，但是如果你读书，就会把多少智者的能量集中起来，不仅“熔化”蠢事，而且你会站得更高、看得更远。

其实，从源头上讲，读书是人类最古老而优美的习惯之一，我们中国人历来就有“晴耕雨读”“读万卷书，行万里路”的优良传统。一个民族具有热爱阅读的追求与渴望，这个民族就会充满智慧和希望。现在，我们国家的居民阅读量远远不够，因此近几年，全民阅读写进了“两会”报告，成了政府工程，列入了地方法规，同时早就进入了课标。读书应该是贯穿一个人的一生的，而且在未成年之前，就要启动广泛的阅读，会受益匪浅。比如，有些书是帮助你认识自己的思维类型——如关于脑科学的书。人类未开拓的最大疆域是两耳之间的区域。日本在这方面尤为重视，开发右脑的书籍与做法贯穿一生，从幼儿启蒙到一生的职业优势思维都在关注之列。你到底适合做什么——你的思维类型与职业生涯规划相连。这方面有许多的教训，比如空间思维能力与形象思维、抽象思维等等，包括家长，在关注孩子成绩的同时，一定要关注孩子的思维优势和劣势，这是只有家长才能顾及的素质教育、个性教育。

在成长中会遇到很多的困惑，偶尔或常常阅读一点心理学专家面向大众的辅导书籍，如李子勋的《人生困境整理术》等，学会梳理自己的情绪，就会提高学习效率，找到突破点，提高情商。然而也不必过分关注自己的心理而纠缠不清，如，不少人判断自己是偏执型人格，这是一个不太美好的判断，甚至面临孤家寡人的局面，但是著名企业家韦尔奇就说过，唯有偏执狂才能成功。所以，请宽容你自己心中无限的疑问与纠结，那往往是人生的常态。现在我们国家是转型期，大家也知道心理健康方面大人和孩子都容易出现问题，抑郁、自闭、狂躁、自杀……我们要相信读书的力量，一是沉潜下来，自会风轻云淡；二是书读多了，自然能登高望远；三是只有“修炼”到一定境界，方能澄明中和。

在人生哲理方面，当代国学家用非常精练的语言总结出来，比如楼宇烈先生在《中国的品格》一书中指出：

明末清初有一个著名的思想家叫王夫之，他就提出了一些哲理方面养生的说法，叫作“六然四看”。“六然”是指什么呢？

第一，自处超然。自处就是自己对待自己，自己怎么样来看待自己呢？要超然。态度要超然，也就是说，要达观、豁达。

第二，处人蔼然。处人是对待别人，就是说对人要非常的和气，与人为善。

第三，无事澄然。没有事情的时候要“澄然”，“澄”是非常清澈、非常宁静的意思。就是说没有事的时候要非常宁静。如果说自处超然有点淡泊的意思，无事澄然就是宁静，宁静才可以致远。

第四，处事断然。就是处事要有决断，不能优柔寡断、犹犹豫豫。

第五，得意淡然。就是说得意的时候要淡然，不居功自傲，忘乎所以。

第六，失意泰然。失意的时候要泰然处之，别把它看那么重。

这自处超然，处人蔼然，无事澄然，处事断然，得意淡然，失意泰然，六个然，不就是一种人生态度，一种人生观吗？四看是：

第一，大事难事看担当。遇到大事难事，要看你能不能勇于面对它，是不是不回避、不逃避，勇敢地担当起来。

第二，逆境顺境看襟怀。碰到逆境了，或者处于顺境了，这时就要看你的襟怀，够不够豁达，能不能够承受得起。

第三，临喜临怒看涵养。碰到了喜事或者令人恼怒的事，换句话说，也就是得失了，喜就是得，怒就是失，就要看你的涵养，能不能宠辱不惊。

第四，群行群止看识见。所谓行止，也就是去留的意思，碰到去留的问题，就要看你的识见了，看你能不能做出正确的判断，该去就去，该留就留。

再回到国学，我们有那么好的启蒙读物，如《对韵集锦》。

眉对目，口对心，锦瑟对瑶琴。
流光对逝水，壮志对雄心。
五彩路，七弦琴。缭乱对纷纭。
笔落惊风雨，诗成泣鬼神。
白云白鸟飞来去，青史青山自古今。

庭对院，井对池，落絮对游丝。
飞禽对走兽，骏马对雄狮。
三国志，七步诗，错落对参差。
行到水穷处，坐看云起时。

侧身天地更怀古，独立苍茫自咏诗。

这是中国人的美丽和气派！

还有中国式的审美，代表作如《湖心亭看雪》。

湖上影子，唯长堤一痕、湖心亭一点、与余舟一芥、舟中人两三粒而已。

到亭上，有两人铺毡对坐，一童子烧酒炉正沸。见余，大喜曰："湖中焉得更有此人？"……

不用说唐诗，仅就李白，绣口一吐就是半个盛唐。不敢说宋词：天青色等烟雨，而我在等你。方文山这样译出来就折服了"80后"一代，可是——我们本来就永远生活在《诗经》的下游、生活在唐诗宋词的意境中。

有女生在包里放了本王国维《人间词话》，就像法国女人一样有了魅力——古典婉约。而你要探访美学，再数数闪亮的星辰般的书籍：如朱光潜的《谈美》《美的历程》、宗白华的《意境》……

在读国学的同时，我建议你们一定也要读世界经典名著。站在全球化的角度，接受不同文化。如，在青春期的假期，读《浮士德》等，你们将在人性超越和世界文明中脱胎换骨，通过阅读构建一个强健的精神世界，形成一定高度的社会和文化属性。

也祝愿你们读一点科普书，翻一翻科幻，看看新科技资讯——你会更加热爱这个丰富的世界，它是那么的美妙和充满秩序，从而让你理性包容；它会让你成为一个绿色环保主义者，爱惜环境和所有的生灵；它会让你永远年轻，充满永不消逝的青春感，因为从天经地义的规律出发，随着技术的进步走向应用，如同造化一般完美，人类因为参与创造而具有上帝般的力量，你的眼睛里永远充满惊奇和赞叹！国人的科普是个弱项，科技阅读是短板，而创新恰恰就在这里萌芽！

这方面的好书有《科学的历程》，作者是吴国盛。从珍妮机谈起，四次工业革命改变了人类的生活生产方式。直到今天，我们的创新仍然在这条伟大的路上。特别推荐梁衡先生的《数理化通俗演义》，俗话说：学好数理化，走遍天下都不怕。当你有了这些最最基础精妙的东西，再看《轮子上的世界》《白云之上的梦想》《元素的秘密》《药——生命的守护神》……这个世界变得有趣，如果你把科幻作品《三体》《时间移民》看了看，刘慈欣注定会使你成为“磁粉”。2014 年被称为中国的科幻元年，在你期望自己成为创客、成为马云之前，这是很好的积累，也是很酷的志趣。人是通过爱好这个管道来更爱、更接近这个世界的，有爱好，你的人生更有趣，未来更宽广。

当阅读让你的世界变美，那么你的人生态度呢？看看宗白华先生在《意境》中如何看《悲剧的与幽默的人生态度》。

> ……生活严肃的人，怀抱着理想，不愿自欺欺人，在人生里面体验到不可解救的矛盾，理想与事实的永久冲突。然而愈矛盾则体验愈深，生命的境界愈丰满浓郁，在生活悲壮的冲突里显露出人生与世界的“深度”。
>
> 大悲剧家作家席勒说：“生命不是人生最高的价值。”这是“悲剧”给我们最深的启示。悲剧中的主角是宁愿毁灭生命以求“真”，求“美”，求“权力”，求“神圣”，求“自由”，求人类的上升，求最高的善。在悲剧中我们发现了超越生命的价值的真实性，因为人类曾愿牺牲生命、血肉、幸福，以证明它们的真实存在。果然，在这种牺牲中人类自己的价值升高了，在这种悲剧的毁灭中，人生显露出“意义”了。
>
> 肯定矛盾，殉于矛盾，以战胜矛盾，在虚空毁灭中寻求生命的意义，获得生命的价值，这是悲剧的人生态度！
>
> 另一种人生态度则是以广博的智慧照瞩宇宙间的复杂关系，以深挚的同情了解人生内部的矛盾冲突。在伟大处发现它的狭小，在渺小里却也看到它的深厚；在圆满里发现它的缺憾，在缺憾里也找出它的意义。于是以一种拈花微笑的态度同情一切；以一种超越的笑，了解的笑，含泪的笑，惘然的笑，包容一切以超越一切，使灰色黯淡的人生也罩上一层柔和的金光。觉得人生可爱。可爱处就在它的渺小处、矛盾处，就同我们欣赏小孩们的天真烂漫的自私，使人心花开放，不以为忤。

这是一种所谓幽默的态度。真正的幽默是平凡渺小里发掘价值。以高的角度测量那“煊赫伟大”的，则认识它不过如此；以深的角度窥探“平凡渺小”的，则发现它里面未尝没有宝藏。一种愉悦，满意，含笑，超脱，支配了幽默的心襟。……

悲剧和幽默都是“重新估定人生价值”的，一个是肯定超越平凡人生的价值，一个是平凡人生里肯定深一层的价值，两者都是给人生以“深度”的。

莎士比亚以最客观的慧眼笼罩人类，同情一切，他是最伟大的悲剧家，他的作品里充满着何等丰富深沉的“黄金幽默”。

以悲剧情绪透入人生；以幽默情绪超脱人生，是两种意义的人生态度。

多么美好的文字啊。慢慢读，欣赏啊！

知的边界

花红的烦恼

成成：

我在每个月“倒霉”那几天之前，心情乌云密布，暴躁不安，像一只刺猬，常常不自觉地伤了家人和同学，为此，特别招致同学们的反感和不满；只好在自己“风和日丽”的时候再做补救，这样“扭曲”着提心吊胆做“小女人”，实在太累了；想着做女人的漫漫长路，真是苦不堪言。而且那几天，又湿又黏，夏天热烘烘，冬天冰凉凉，活动受限制，弄不好印出来，就出笑话了。买卫生巾也很麻烦，牌子多得眼花缭乱，质量也差别很大，有的用过之后还会很痒痒，你说怎么度过这段烦人的时期，有没有好办法让身心轻松一下？

敏敏

敏敏：

你所说的“倒霉”，外国的“婆姨们”称作“好朋友来了”。这两个称呼表明了一种态度：乐观的和悲观的。据科学调查，在例假期间，60% 的女孩子的自信降低，47% 学习兴趣下降，70% 有孤独感，30% 身体活动性下降。女孩子从 12 岁左右来月经，到 50 岁左右进入更年期，将贯穿女性的大半生，因此我们一定要善待这段特殊的日子，照顾好这一特殊生理周期。

有人的青春日记中曾记述过这样的话：淋漓汹涌的血，那样触目惊心的红，不知是为了什么样的结果要经年累月付出如此“血的代价”？可当后来当我读懂了月涌潮汐，懂得了绵绵的铺垫，日日的更新，就有了一份期待、欣喜、暗含着神秘与激动的心情，从而才把它称为“花红的烦恼”。像你描述的那样，许多人是“经期症候群”，即“经期紧张症”，这样的一群人大概总是一些敏感、细腻，甚至总怀着诗意的人吧？凡事都各有利弊，想想心灵奔腾不安的时候、受着折磨的时候，是不是也是思维活跃最开放的时候？因此做一些创造性的工作或创意岂不正好？在恢复澄净安稳的日子里再潜心钻研，在深深的海洋中沉潜遨游……这就是利用自己的生物节律吧！

从医学上来讲，随着月经周期的变化，每个人的饮食、情绪、记忆力都有很大起伏。由于月经前期体内的孕激素和雌激素平衡被打破，从而表现为情绪方面的障碍，有的甚至出现身体上的激烈反应，如呕吐、腹胀、乳房肿胀等等，但这些如果不太严重，一般不会影响身体功能，只是女性功能性症状，可以通过自己有意识的调节慢慢得到改善，必要时求助于医生。

另一个小丫头（现在我的博士女友）的日记是这样记录的：

> 14岁我去住校读书时，妈妈给做了一床厚厚的棉褥带着，嘴上却说：女孩子就是麻烦事儿多——妈妈就是这种刀子嘴豆腐心的人。不久我来了例假，抱了一兜子内裤跑回家，慌了。妈妈嫌恶地说：这灰东西来得倒早，这回看你懒不懒？连袜子都洗不干净的丫头！我愁眉苦脸不想回学校，妈妈说：没出息的东西，女人的这点事儿就吓出毛病了，以后还生儿育女呢。我怀着很大的恐惧被撵回学校，却开始了月复一月的痛经。腰酸背痛，敲敲打打都不管用，每次我都趴在寝室疼两天。妈妈来了，骂着我没出息，却在每天睡前冲一杯浓浓的热热的红糖水，看着我喝下。我想大家应该对自己的妈妈有一颗感恩的心，无论是细腻温柔还是粗犷豪放的妈妈，对儿女总是在传递着绵绵不断的爱——有时包括几句有杀伤力的话和浓浓的红糖水。

很高兴和大家一起来分享这个故事。这经验——红糖水是科学的，红糖富含铁等多种矿物质，具有补血暖胃的功效；其中的哲学是：当你的内心对月经不接受、厌恶、恐惧，身体就会排斥。因此首先心理紧张，然后成为紧张症候群，逐渐强化、顽固。所以要从心理放松开始，从接纳开始。

“好朋友来了”时该怎样进行自我保健呢？

有的女性在此期间，很娇气，停止一切活动，甚至卧床，这是以病态对待常态。身体健康、月经正常的少女，经期除力量性的训练和体力劳动，其他一切可如常进行。因为适当的活动，可以改善盆腔的血液循环，减少下腹的坠感和痛感。活动使腹壁和盆底的肌肉产生收缩和放松，有利于经血的排出，也可由此调节大脑皮层的抑制和兴奋过程，使精神愉快。但也不能太大意，从局部看，月经期肌体抗病能力下降，易患伤风感冒及其他疾病。

经期第一要注意的是个人卫生，内裤要勤换，洗涤后还要在日光下暴晒。有人认为经血是污秽之物，躲躲藏藏，放在阴暗地，其实晒太阳是最简便易行的杀菌法，在夏天只要晒一小时，90% 的细菌就会被杀灭，且无副作用。现在大多数人用卫生巾了，注意用后应该用原包装包好，以便隔离及焚烧处理。

经期应每天擦洗外阴，但不要冲洗，可淋浴不可盆浴；避免受凉，如坐凉地、淋雨，也不要用凉水洗澡，那样会导致盆腔充血。

另外文中所说的腰酸背痛就捶捶打打是危险的，这样会使盆腔进一步充血，不利于创面修复，容易受感染而患急、慢性妇科病。

此外这期间最好不要唱歌，受雌激素的作用，经期呼吸黏膜充血，声带肿胀，大声唱歌会造成声带疲劳，松弛无力，甚至声门闭合不全而出现沙声，可能使声带边缘长出小结或息肉，妨碍两侧声带靠拢而成为永久的豆沙喉。

经期忌拔牙，经期血液凝固性低，拔牙后止血慢，牙龈伤口修复慢，应在月经过后 10 天左右再拔牙。

生活如果有科学的调剂，无疑会更加美好。

至于由此引起“急风暴雨”情绪引起同学们的“消化不良”，你可以自己做个周期表，进行“情况预报”，搞个“预警机制”：嘻嘻哈哈告诉他们自己处于“母老虎期”，难办的事儿，等你到了“小绵羊期”再好好商量；在紧张的学习压力下，大家彼此彼此，可以心照不宣嘛；选择卫生用品，一定要注意用正规厂家的产品，以保证消毒彻底，卫生安全；其次是买回来拆包后，放置、使用期间要注意避免受潮和被环境污染，另外随身携带时，还是私密一点，我见过一“小燕子迷”（就是有一点嚣张的那种），找书本时，“哗啦”一声就把卫生巾给“曝光光”了，这么“大光明”，成成觉得缺了点女性的婉约和细腻。

辣妹的温柔宣言

成成：

我是一个笨女孩，来月经的时候，因为弄不好、弄不干净，把自己气哭过好几次。当胸前开始肿胀，变得凸出的时候，也不知怎么办才好，买的内衣，不是小了就是大了；有一次被售货员劝说买了一件带海绵的，在公共汽车上，不知从哪儿伸过来一只手，色狼！我哭着去咬，却听那家伙嘲笑道：假的，嘻嘻，原来是旺仔小馒头！以后我分外敏感别人从我的前胸挤过，也会由于别人不小心的触碰而发火，他们说，你好辣呀！母老虎！其实我只是觉得那里柔软得不可触碰，或者勾起难过的回忆。这些苦恼我不愿意和妈妈说，成成姐姐，我是不是特别笨，你能帮帮我吗？

呼和浩特市　小敏

成成姐姐：

我的表姐喜获千金，一团小肉肉粉粉地躺在表姐臂弯里，好温馨，可是，我的表姐最近被这个小天使折磨得死去活来。首先是那个小家伙不会吃奶，其实是表姐的乳头严重内陷，小孩子吸不到，然后是表姐被憋得乳腺发炎，肿得胀破了，据医生说，这些症状早在少女时代就应该看到。我偷偷看看，发现我的乳头也是陷进去的，还有，我在来例假前，乳房一动或碰碰都会疼得有时龇牙咧嘴，应该引起重视吧……

咿呀呀

小敏、咿呀呀：

我小时候和你们一样"笨"，因为弄不好例假，就围着厕所转来转去（农村，户外的公厕），手里抱着一大卷纸，连作业都做不了，后来一个大姐姐教会我怎么叠纸（当时还没有卫生巾）、怎么固定，起立的时候缓一些。我至今仍认为那个姐姐像个天使。后来据说天使太少了，于是每个女孩都有个温柔的妈妈——事实上，我们是应该把这些解决不好的事儿告诉妈妈的。

关于例假的自我护理我们在《花红的烦恼》中已经讲过了。现在，我正好看到一段"辣妹的温柔宣言"，从中会知道你的辣、你的敏感也是长大的过程中对外界"温柔"的宣言：

当胸前开始肿胀的时候，我开始有些许的不安，一向痛恨故作矜持的我也开始拒绝男生过分亲昵的举动，下意识地拉开与男生的距离。我会因为别人不小心的触碰而禁不住蹙眉，逐渐柔软的前胸变得敏感，于是对于自己的身体愈发珍惜。即使在最亲爱的妈妈面前，也要求独自换衣，紧绷的内衣有束缚感，后扣让人不习惯，但我还是要求一个人慢慢地探索。

你们说的"旺仔小馒头"事件我想从以下几个方面来谈谈。

首先，电视广告总是说"做女人挺好"，在发育过程中，不少女孩会有心理压力，甚至有年龄很小的女孩就要求做丰乳的手术，其实这是不必要的。一是发育还没有完成。二是各个时代对于乳房的形状和大小有不同的审美观，尤其是作为独立的女性，不应该为了取悦流行而去改变自身；现在在欧洲已经开始认为小而健美的才是上乘，并且在心理学上找到人的智商与胸围成反比、与臀围成正比的说法。所谓"胸大无脑"，其实我看也是无稽之谈。因此，要善待自己的发育过程，顺其自然最好。三是乳房发育大约在 20~25 岁才成熟，理想的胸围是：身高乘以（0.54~0.55），亚洲人胸围在身高的 0.49~0.53 之间。四是你也不必因为公共场合的那些浑小子说那么损的话而在意，因为那是小概率的意外事件。在乳房发育这件事上，合理饮食、心情开朗、加强锻炼、科学衣着是健全发育的四大支柱。

其次是选择内衣。合适的内衣对乳房有良好的承托作用，并且保证在运动行走过程中的舒适性，对于乳房的形态有正形、再塑造的功用。目前我国的胸罩已经是按国际标准生产了，而且非常丰富多彩。但标准是统一的，罩形代码分为 A、B、C、D，按丰满程度依次增大，字母表示的是上下胸围之差，A、B、C、D 分别是 10、12.5、15、17.5 厘米，而围度是按胸下线量度的，分 65、70、75、80、85、90 厘米等规格，这样，假如你量出自己的下围线为 68 厘米，再量一下上围，即最丰满的地方，比如 79，减一下得 11，可用 A 或 B 型，即选用 70A 或 70B 均可。

作为女孩，咿呀呀看到表姐人生中重要的一幕，并观察自身，这是可喜的。

你表姐的情况大概就是乳头内陷。这样的女性很多，在怀孕初期就该用热水洗涤并且轻轻牵拉，就不至于到哺乳时才遭罪。正常乳头为圆柱状，凸出于乳房平面约是 1.5~2 厘米，呈一结节状，如果乳头未高出于乳房皮肤，且牵拉也不高出者，称为乳头内陷。乳头凹陷应该在青春期及时矫治，先去医院检查以确诊不是乳房炎症或其他疾病，然后可尝试自我治疗的方法：可以用手将凹陷在乳房内的乳头拉出，并固定一段时间，如果这种方法效果不好，可以试用注射器抽吸法等。

胸部一触一动都会痛，可能属于乳腺增生，每次月经之前一个星期左右，乳房就会开始胀痛，尤其走路或跑跳，乳房一晃动，痛得更厉害，躺一躺又会好一些。月经一来，乳房变得松软，疼痛也就消失了。这时往往可以触摸到乳房有肿块，肿胀、隐痛都可能是乳腺增生的最初表现。乳腺增生在劳累或天气变化时也可加重。首先，要保持情绪稳定，因为精神刺激水平升高、内分泌紊乱是首要原因；其次，要坚持劳逸结合，调查中发现，女孩在迎接中考、高考时，紧张、用脑过度，也会致使乳腺增生发病率增高，所以更要注意休息，保持心态平稳。

什么时候该接受“温柔的束缚”？

成成姐姐：

我是十一岁的小女孩，虚岁12岁的生日庆典就要轰轰烈烈地过了。买衣服的时候，我妈妈才发现我原来一片平原的胸部，已经有一点隆起了，乳晕从一个小小的芝麻子变成了国画“晕染”的效果。其实，这样子已经有半年的时间了，只不过我伪装得比较好。可是上体育课的时候、跳绳的时候，前胸随着起跳动起来，让人真不好意思啦。还有乳头被衣服蹭来蹭去，有时候很疼。我已经开始浏览少女的胸衣，但市场上多是那种夸张的带海绵的成熟式样，适合我们发育阶段吗？我问妈妈了，她说她这个时候根本就不戴的，后来戴的还是用土布自家做的，很不合身，勒得难受。后来她是把别人穿旧的捡来穿，他们那个年代就是这样，她因此有不小的副乳，不敢尝试露肩、吊带之类的衣服。直到现在，她说自己也是瞎买胸罩。看来，我指望不了妈妈，还要成成姐姐指导一下啦！

含苞待放

含苞待放小朋友：

谢谢你将自己“含苞待放的秘密”告诉姐姐，要知道你对最最亲爱的母亲还伪装着呢！对于这样“星级”的信任，姐姐首先对你冲出“平原”期表示祝贺。宝贝，你的青春前期如期来临！

看看你自己的脸，青春期前的女孩拥有圆形——几乎是婴儿样的脸形和孩子样的体态——“婴儿肥”的样子，可是，现在，随着乳房开始成形，臀部有脂肪堆积。女性曲线开始呈现，你逐渐开始“婀娜多姿”。脸部变得线条分明、俊俏，女大十八变的前奏啊！

首先，不要因为不好意思而含胸，这样久之就会驼背。不要像妈妈那样勒，也就是束胸，处于青春期发育阶段千万不要穿紧身内衣。束胸对少女的发育和健康有很多害处。第一，束胸时心脏、肺和大血管受到压迫，从而影响身体内脏器官的正常发育。第二，束胸会影响呼吸功能。正常情况下，胸式呼吸和腹式呼吸两种呼吸动作协调配合进行，才能保证人体正常的气体交换；而束胸影响胸式呼吸，使胸部不能充分扩张，肺组织不能充分舒展，吸入空气量减少，以致影响了全身氧气的供应。第三，束胸压迫乳房，使血液循环不畅，从而产生乳房下部血液淤滞而引起疼痛、乳房胀而不适，甚至造成乳头内陷、乳房发育不良，影响健美，也造成将来哺乳困难。因此，我们要摒弃束胸。

其次，选择和佩戴合适的胸罩。

一般情况下，可用软尺从乳房上缘经乳头量至下缘，上下距离大于16 厘米时即须佩戴胸罩。戴胸罩有以下好处：第一，显示出女性的体形美。第二，支托乳房，防止下垂。第三，可预防乳房下部血液淤滞而引起乳房疾患。第四，减轻心脏的局部压力，促进血流循环畅通，有利乳房发育。第五，减轻由于体育运动或体力劳动造成乳房振动，还可免于乳房受伤。第六，保护乳头不受擦伤或碰痛；在秋冬季，胸罩还有保暖作用。少女大约在 15 岁左右乳房发育基本定型，但个体差异性较大。但是，适时佩戴胸罩是必须的，胸罩不仅仅是一种装饰品，而且是必备的一种保健用品。由于体型不同，乳房大小也各不相同，必须选择尺寸合适的胸罩，佩戴后要感到舒适而又无紧束感。还要根据身体发育成长中的胖瘦变化，随时更换胸罩。千万不要片面追求体形美而勉强戴不适合的胸罩。胸罩的质地要柔软吸水。要勤洗勤换，保持清洁。晚上睡觉时把胸罩取下。戴胸罩要养成习惯。无论春夏秋冬，持之以恒。

目前，市场上的胸罩真的如你所说带海绵的成熟的居多，适合少女的、适合发育节奏的还真较少。有一种少女罩，也有人叫太阳罩，也叫学生内衣，多采用纯棉材料、优质的弹力棉给予肌肤贴心的呵护。这种学生内衣有背心式：没有紧箍的感觉；穿着柔软、舒适；附有衬垫，不会使乳头凸现；充分包裹胸部。还有肩带交叉型：防止运动时滑落；饰有弹力花边，自然。其中 T 背心式设计，以把胸部充分包裹为主流，并有相应的依托，能完全适应长期身体的变化，有动感，向你推荐。

成成姐姐特意上网浏览，发现近几年新推出的一个系列完全是从发育角度专业为少女制作的，按发育进程分得很细，你让妈妈陪你去浏览，还有配套的小册子，你和妈妈可以学习啦！特别是从国外的网站还可以看到适合运动、度假各种需要的内衣，小册子讲解非常详细，真是太棒了。

即使佩戴好了合适的胸衣，还不够，还要注意乳房的卫生。

青春期初潮之后的少女，由于内分泌的原因，每当月经周期前后，可能有乳房胀痛、乳头痒痛现象。这时千万不要随便挤弄乳房、抠剔乳头，以免造成破口而发生感染。要经常清洗乳头、乳晕、乳房。因为乳晕有许多腺体，会分泌油脂样物质，它可以保护皮肤，但也会沾染污垢、产生红肿等，因而要注意保持乳房的清洁卫生。

可以说，女孩从青春发育期开始戴上生平第一件文胸起，就与文胸结下了不解之缘。保护逐渐发育的乳房，使其将来拥有丰满的胸部、完美的体型，是每个女孩的美好梦想，这个过程需要学习、探索，但首先是大大方方的态度，当然，并不排斥“含苞待放”的娇羞，少女之美，最具韵味的就是“羞涩”。

应该说，你们现在所能看到、买到的“Bar”实在太多了。成成姐姐有位好友，忆起自己当年，一直到上高中都没有佩戴，上体育课蹭得难受，平时害羞，总是含胸拢背，上高中住校才戴上了同室姐姐的旧胸罩，一下子觉得整个世界都变得美好了。但是她的胸已经变形下垂，外围脂肪溢出，形成副乳，习惯驼背。因此，当你含苞待放的时候，一定要认真学习关于“Bar”的知识，主动接受“温柔的束缚”。护理好、保持好美丽胸型，也是成长的好成绩单之一啊！

胸前的健康与风景

成成姐姐：

非常感谢你告诉我们什么时候该接受“温柔的束缚”，那个16厘米的“数字化”让人很好操作。我的表姐来自农村，她说文胸那么小的东西凭什么那么贵，就在摊上50元挑了3件，由于戴起来过紧，一段时间后，感觉乳房很不舒服。经检查，发现乳房结节。据医生说，像她这样长期使用过紧的文胸，不仅局部血液循环受影响，还会使乳房及其周围组织器官的发育出现障碍，如长出纤维瘤、乳房变形、乳头扁平、内陷等。我妈妈有了陪表姐看病的经历，也检讨自己以前给我挑文胸时总是“随便买个戴戴”，只讲求其外形美观，很少注意里料质量。可是后来她知道，自己的闺蜜生产后需要哺乳的时候却出现了乳腺堵塞，无法哺乳。医生说，劣质化纤材料的文胸纤维脱落很多，直接与乳房摩擦就会堵塞乳腺，造成乳汁淤积。严重的还因腺体发炎、病人高烧疼痛而需要开刀排脓。经过这么多的实例，我妈妈对我的内衣可讲究了，但是她还是不太懂，关于胸部的发育与文胸，还有什么讲究的呀！

幸福跳跳糖

幸福跳跳糖：

目前文胸市场已经非常细化，针对不同年龄、身型的女性设计出款式各异的内衣。对于进入发育中期的你而言，不要选择普通背心的设计，会压制乳房的发育。但背心围式样的则因增加了一个突起的围，形成可伸展的弧度空间，很适合青春期乳房发育的需要。在运动过程时，你则可以选择少女型文胸。在面料方面，也可选择富有弹性的优质化纤面料。因为天然纤维恢复性差，在洗涤后会渐渐变硬。在颜色方面，粉色和白色较适合少女使用，穿校服时视觉上不会较明显地突出胸部，避免感觉尴尬。

文胸在女人一生中基本上是“全程陪护”，从青春发育开始，到老年时期，文胸一直是女性不可缺少的贴身之物，但是据调查表明，很多女性朋友都不太会戴胸罩。上海妇女病康复委员会公布了一项较新的调查，调查显示，该市 79.3% 的女性佩戴文胸不合适。

何为戴文胸的正确方法？即不松不紧刚刚好！

文胸不能过紧，也不能过松。晚上睡觉时要把文胸取下来，以保证睡眠时呼吸顺畅、血液流通。有些女孩发育比较成熟后乳房体积仍较小，选用很松的文胸甚至不肯戴文胸，这样就会使乳房失去依托，易引起下垂甚至变形。

胸罩的尺寸必须跟佩戴者的胸围相符，太大起不到承托乳房的作用，太小则会令乳房受挤压，还会影响其发育。要选对尺寸，关键是弄清下胸围的尺寸以及上下胸围之差，这是确定胸罩尺码和罩杯型号的依据。罩杯代码为上下胸围之差，差 10cm 左右为 A 杯，差 12.5cm 左右为 B 杯，差 15cm 左右为 C 杯，差 17.5cm 左右为 D 杯。虽然目前市面上不少胸罩都有钢托，号称使外形更“挺拔”，但不见得适合每一个人。而在人的一生中，尺码是会变动的，尺码会随着食物、运动量、季节转变等而产生变化。尤其从“冬季到春季”及“夏季到秋季”的时候变化更加明显，所以重新量度是重要的。

刚开始穿内衣的少女们，要注意正确穿戴。现在就细化一下正确穿戴内衣的步骤吧。

步骤 1，前倾 45 度。

上半身向前倾斜 45 度，手穿过肩带，让肩带挂在肩上。

注意：如果是直挺着站着穿内衣，很难将乳房全部放入罩杯中，最后形成错误穿戴方式，导致变形。

步骤 2，调整肩带。

抬头挺胸，将肩带调整到自己觉得最舒服的位置。普通体形的人肩带应该在距离下方约 3 厘米的位置。这是最能够呈现自然曲线的地方。

步骤 3，钩上后扣，收纳两边。

保持前倾的姿势，钩上后扣，然后将乳房放入罩杯中。接下来将乳房底部的脂肪、肌肉往中间拖入收拢集中，然后是腋下部分，最后为上边，这样才可使乳房呈现丰满状。

胸部扁平、扩散所造成的外溢是有很多种原因的，除了天生的外溢，有些是因为长时间不穿胸罩，如有许多女性认为冬季衣服较厚，穿不穿胸罩无所谓，这样就造成其胸部无支撑点，致使胸部任意游走，从而形成胸部外溢。或者是因为你的胸部并不小，却不知选择怎样的尺寸才可以托住，错误地认为胸罩穿好就是要有紧绷的感觉，因而买得太小，包容不住胸部，把你本来很漂亮的胸部给弄扁平了；也有些女性是因为款型没有选好，致使自己的胸部无法集中，造成扩散。因此，我们在选择文胸时一定不要怕麻烦，要了解自己适合什么样的文胸，有目的地去挑选，如果有以上三种情况的女性请选用集中型的文胸，也就是3/4罩杯的文胸，它能使胸部集中，衬托出挺拔的曲线。

胸罩太紧压迫乳头，引起乳头内陷，影响将来哺乳，太松不起支撑的作用。要养成常年佩戴的习惯，睡觉要取下，以免妨碍呼吸和血液流通。运动时，乳房就会产生振动，使人感到不适和乳腺受伤。因此，文胸应适当收紧些。

应该采用中性洗涤剂或香皂洗涤内衣，绝对不能用漂白剂，不应将洗涤剂直接涂到内衣上，应该溶于水中后，再放入内衣，最好是用40度左右的温水。

要用手洗，不宜机洗，因为机洗会损坏内衣上的纤维材质。

内衣洗后不要用手拧它，特别是有海绵的那种，最好用手轻轻地挤下便可。

其实有的内衣也并不全是洗变形的，最主要是不可暴晒，晒于通风处便可。

对面的女孩“望”过来

成成姐姐：

你好！

有件事让我的心里很不安，就是我们宿舍的一位同学把自己的生日礼物——一架望远镜拿到了宿舍。按理说，这是件好事，可是我们的同学却嘻嘻哈哈把镜头对准了女生楼。这样对面的女孩就被一下子“望”过来了。灯光下，透过窗帘，可以看见她们脱衣服的动作。甚至，当她们走在楼下，我们这边的弟兄们还说：瞧，这个是“小丰满”的，这个是“太平公主”——你知道什么是“太平公主”吗？就是前胸瘪瘪的。我感觉大家做得过分了，可是还是忍不住也想瞧瞧，看完之后心里又像犯了罪似的很忐忑。怎么办啊？

呼和浩特市　佳伟

佳伟同学：

你谈到的其实是偷窥的事情。你知道近年被一些媒体炒得沸沸扬扬的隐私曝光事件吗？俄罗斯有一个电视节目叫《玻璃后面》，这个节目竭尽曝光之能事，把人生的任何细节都一丝不挂地袒露给公众，因而教会大骂其伤风败俗，而有些人却对它趋之若鹜。还有一个电影叫《偷窥》，男主人公花费巨资秘密地在大厦的每一个房间里安装了摄像镜头，他自己则藏在密室里，将每一个家庭的细节秘密地尽收眼底，以此为乐。当然还有以此为要挟，索要财物或其他，构成对当事人的伤害。以上种种说明，人类与生俱来就有窥探别人隐私的心理，特别是针对异性的隐私更有着似乎执着的欲望，从人的需要的阶梯构图也可以看出，对性的需要属于最底层，越低层越接近动物性的特征，往往更直接，冲破一切阻力。我以上描述是要告诉你，当你也想"看"的时候，是正常的；但你看了之后，心里有负罪感，说明这件事已经超过了你道德的底线，你因此轻视自己，说明你跋涉于更道德的人性之上，正在完善自己。

在你们这个年龄，对异性和异性的身体发生兴趣，是很正常的。但是，把本来该对准天空，放眼浩瀚星空、浩渺远方的望远镜对准了女生宿舍这样私密的空间，已经突破了道德约束，并将把心中许多该珍藏的美好情愫毁灭。偷窥，表达了情感的焦虑，更泄露了道德失犯，并且开始探涉法律的禁地。

不是吓唬人！我国《民法》第四编第七章明确规定：自然人享有隐私权，隐私的范围包括"私人信息、私人活动和私人空间"，其权利包括"禁止任何人以窥视、窃听、刺探、披露等方式侵害他人的隐私。"可见，偷窥是一种违法的侵权行为。

随着电视、网络这些手段的推波助澜，偷窥和暴露似乎越来越普遍。走进许多公共空间，小小的针孔摄像机在不显眼的位置将你的一举一动丝毫不差地全方位收罗，使你在感叹科技之高明时，也不禁倒吸一口冷气。你可以和同伴展开讨论，如果你们自己的隐私被别人侵犯，你心里是什么样的感觉？如果被叫作"小丰满""太平公主"的是你的姐妹，你心里能不气愤？再假如被你偷窥过的女孩将来走进了你的生活，成为你的女朋友，想起她的样子曾被大家在镜头后看到，你是不是不好接受？对哥们儿当年的行为气愤谴责？己所不欲，勿施于人！

其实，维护一种公共道德、维护法律的尊严，就是维护大家的权益。谁在这个界限上突破，也必将受到社会性灾难的惩罚。

在《偷窥》电影的最后，主人公用手枪将所有的荧光屏一一打碎，在偷窥和保留隐私之间，他最终选择了后者。

我相信，纯真的你们，会把望远镜对准美好和深邃的天空，而把对面的女孩还原回安全、尊重的位置上。

那样阳光会洒满你们的心房。

所谓佳人，在“网”一方？

成成姐姐：

你好！

我揣着一个秘密生活——我有一个非常好的网上朋友，交往已经有半年了，本来只是相互玩玩，没想到感情越来越深。我周围的同学有那么多的“毛病”，而他显得多么成熟和宽容！假期约了见面，又不敢见。开学了，我的心还是收不回来，同时又怕人家笑话，网上的人谁知道是真是假，说不定就是周围哪一个拿你开涮，弄得我对周围的人也特别敏感，这样我感到又有见面的必要了，总要弄清楚吧？你说该怎么办？

一个迷茫的网虫　茫茫

茫茫：

把你的好听的名字换换字——芒芒，就是著名小说家池莉一篇小说中一个女主人公的名字。那是一个理想主义的女孩，在乱糟糟的集体宿舍里，躲在蚊帐里，热泪盈眶地看《约翰·克利斯朵夫》。不管结局如何，那个女孩超越了自己生存的狭小空间，将目光投向了长河般的人生和史诗，那是人生的扩大和自我的创新，你说是吗？

爱情是人生的珍宝，是人性中最有意义的精华。当爱的感觉袭来，那首先是自我的觉醒和审美的开始。据新浪网的调查显示，有43.5%的网民坦言有过网恋的经历。如果网上调查的结果可信的话，那么就意味着在我国曾有450~500万网民在网上寻觅过自己的虚拟爱情。然而，网恋真的都是鲜花和欢笑吗？你们约好了在假期见面，但最终没见，我判断你也知道各种各样的网恋悲剧，网恋在让许许多多男男女女走向不归路的同时，使人认识到：网恋在社会规范和熟人社会的护佑之外，确实是虚拟的，不可认真，不可盲目地投入感情，连"微信"专家都淡淡一笑说你最好就"微微相信"。尤其你作为一个涉世未深的学生，更不可轻易迈出下一步。你知道网约之后有多少刑事案件？在我身边，就有被网友强奸、杀害的，被洗劫一空的，被敲诈勒索的……警惕为好！

那么，网上的人为什么就那么可爱呢，像你所说，超过了你周围朝夕相伴的同学？

现实中的交往总是要受到局限的，尤其对于你们这个年龄的孩子而言，正是毛毛虫的阶段。但是，互联网的浩瀚和便捷正好弥补了这一点。在那里，各种各样的人都可以无所顾忌地谈天说地。谈得好，可以"掏心窝子"；谈得不对路，鼠标一点就走人，完全不用顾及对方的脸面。在现实的压力面前，人们渴望宣泄自己的感情，同时又不想暴露自己的身份，而网络恰恰提供了这样一种宽松的环境。坐在电脑屏幕前，敲击着键盘，通过网线两个相距遥远的人互诉感情，这份距离带来的美，这种新鲜与感动，是公园里的长凳、树荫下的人行道所不能体验到的。由于不用面对彼此，一向含蓄的人们可以更加大胆热烈地表达爱情，把所有想到的爱意捎给对方，把自己的不愉快告诉对方，快乐着你的快乐，悲伤着你的悲伤。所以，在这种情况下，感情格外奔放，也就显得格外"美"——因此也就特别能够满足感情的需要！

网恋更多的是追求"不在乎天长地久，只求曾经拥有"的短期行为，只在乎过程而不在乎结果。可以说"过把瘾就死"是它最好的注脚。"90%都要见光死"也就不足为怪。一位专家讲道："互联网沟通了世界，而它引发的却常常是断开的问题。"这样你就该彻底想清楚，当纠缠的电缆线后的那个人千呼万唤杳无踪迹的时候，你能用大把大把的青春时光和无尽的希望赌这个“断开和虚无”？

再回到你的同学中来，我想生活在你身边的同学，跟你自己是有很多趋同的因素的。你们几乎都是独生子，是一个孤独的宝贝，本该在集体中，享受难得的同伴接纳，可是结果却多是互相不容，对同学的过分挑剔，这是很多人走向互联网发泄情绪的原因。但事实上同学对你的成长所起到的参照作用是很珍贵的，所以，成成姐姐提醒你：对同学，接受比批判深刻，对网友，甄别比轻信更有必要。

正是因为把虚拟空间的事情“串联”到了现实生活中，你才会怀疑是不是谁拿你开涮。这种心情肯定是不愉快的，而且是交往的障碍，会导致你在社交中产生退缩心理。建议你跟要见面的网友了断，或搁置一段时间，收收心，过一段时间，等心情沉淀稳定了，把学习上的事情理顺了，心情不再是焦虑的状态，再判断这件事情的来龙去脉。

最后给你讲讲成成姐姐经历的一件趣事。前一段，每天下午四点会有一个短消息和微信进来，内容情真意切，颇感动人。如：太阳把明媚热情给你，月亮把温柔多情给你，星星把深邃迷人给你，大地把温暖智慧给你，我把最深的思念和爱恋给你。一看号码，不熟悉，再翻通讯录，没有。一连过了几天，忍不住回问：您是谁？对方似乎不高兴了，信息骤停。隔了一天，又发过来一则，如下：最近，我种的玉米总是被乌鸦偷，做了个丑得吓人的稻草人，根本没用，于是我把你的照片挂起来，乌鸦不但不敢再偷，还有几只把以前偷的也送回来了，谢谢你啊！

还有我照片，是何人？我给多年不联系的同学都打了电话问讯。还得问：你真有我照片，你是谁？

挖苦嘲弄讽刺的短信接着来啦，骂得很热烈！

后来我打通电话说：咱见面吧，朋友。

人家说：对不起，我发错了。手机有两个键搭错了，据说。最近错发了不少信息，但没有像您这么认真的，真是！

在浩瀚无边的网络世界，像这样搭错了几个键的事情，比比皆是。

茫茫小朋友，如果答案在风中飘舞，你得有风一般洒脱的力量再去追逐。

共勉共勉。

网恋的“三大纪律”

成成姐姐：

在实际生活中，我往往不知跟别人怎么交流才好，是被动型的。但是在网络上，可以放开来聊天、谈论，可以说出我的思想。最近，在网上交了一个固定的朋友。开始时看到了他酷酷的样子，后来是幽默的话语，然后是贴心的问候，才知道，他是学长，而我，第一次体会到被人关心的滋味，好温暖啊！我们决定在刚放假的时候见面，但是我又有点担心，浩大的网络后面到底是什么，什么都有吧？你说，该怎么办啊？

惴惴不安

惴惴不安：

关于网络交友，在当今时代显然很普遍。但是你要是将这个事实告诉你的父母，他们肯定会为你担心，首先是你在网络上聊天或用手机聊天，都要耗费大量的时光，而你现在的时间是宝贵的、分秒必争。当然，网聊也有一定的好处，如你所言现实中局促不安的人在网上热情开朗，幽默动人，展现的完全是另一面，有助于开拓人的个性。但同时，检视一下你的期末成绩，是不是下滑了！——人的精力是有限的。

网友见面，那是很自然的事情，也是很危险的事情，很多的治安案件起源于唐突的网友见面。特别是女孩。曾经有很多女孩被网友玩弄，之后被迫步入歧途，甚至被谋财害命。所以网友见面的三大纪律被总结了出来，请借鉴一下。

1. 见面前互换照片

无数“见光死”的前人证明了一个真理，互相有爱慕感觉的网友见面之前一定要互相交换照片。这并不是说我们那么在乎对方的相貌，而是因为人对于容貌有一个适应和接受的过程，就是再其貌不扬的人，看得久了，有心理承受能力了，也能接受。但是如果没有经过这个适应过程就很容易在见面时出现过大的心理落差，以致连普通朋友都做不成。

2. 网聊 100 小时以上再考虑

如果想要发展一场认真的友情或者恋爱，相互间的深刻了解和沟通是必不可少的。现在很多人以见异性网友为乐，认识一两天就见面的比比皆是，同时又怀着很强的目的性。然而这种“相亲式”的见面成功率极低，也失去了网络聊天的原有内涵，仅仅建立在彼此外形吸引上的感情也是短暂而肤浅的。因此网友双方一定要经过长期的交流，让彼此纯精神的感情交流都经过时间的考验。

3. 必须透露自身真实状况

不了解对方真实状况就贸然见面，也造成一些令人啼笑皆非的后果。女大学生赴网友之约发现对方仅是小学生，网恋两个月不知彼此是姐弟……此类极端事件都曾有所发生。网上那个是你学哥的人，说不定是男是女，说不定是一个网络营销员，说不定前半段是他，后半段就是他一个无聊的哥们儿，要耍耍小姑娘的纯情。记得有一位刚上网的老大爷，刚刚在网上露面，就被人加为好友，就问能不能借钱，问了是男是女，就问能否一夜情？老人家吓坏了，说原来网上尽是干这个的呀！——不完全是，但也不是没有。对不对？

对比于虚幻的鱼龙混杂的网络交友，我还是更提倡你把微笑的目光对准自己身边的同学和老师，他们是真实的和可爱的，和你一样，带着青春特有的热情和迷惘，你们的经历和感情才是相似的，更值得相互借鉴的，当然，友情比恋情的范围更加宽泛，更有积极开拓的价值，祝你结识最有魅力的伙伴，度过最有意义的少年岁月。

然而我又不忍心把网络说成这么危险，这么负面。事实上，现在对于我们生活和思维改变最大的，就是网络了。网络并非处于那么低端的价值链条，恰恰相反，它为今天的现实提供了无限的可能性。你还记得北京几年前的那场大暴雨吗？首都机场滞留了大量的行人，就是一则网络留言，自发组织起了一个浩大的志愿者车队，无数的陌生人从机场四周赶来，帮助无数的陌生人，这是只有网络才能自发组织起来的时代洪流，体现的不仅是社会的公益互助等美好的品格，也体现互联网链接的力量。所以，我在这里想提示你，如果将网上的友情加以扩展，比如读书的交流、学习的竞赛、爱好的展示，甚至见面的理由是一起看一节哈佛大学的网络公开课、桑切尔的正义论或谈论死亡的生命课程，是不是更有趣？互联网能够兼容好多内容，你们的友谊和好感也能开拓更多的更有稳定价值的内涵，对不对？

也许若干年后，你会记得同熟悉而陌生的少年在最好的年纪，看过或听过一场激动人心的高端课程或音乐会，这个经历加上你们内心隐秘的期待和渴望，刻骨铭心，从而成为彼此拔节成长的一个重要节点。从此，你们有了更开阔的眼界，更坚定的意志，对自己更完美的期待，这样的交汇，早已超越了“网恋”的窃窃私语，超越了“纪律”的约束，走向自觉、卓越和成熟，那是多么美好啊！

我说话有时那样的……

成成：

我有一个问题非常难以启齿，就是我在人多的时候说话时，总是结结巴巴。一个人的时候没事儿，能表达得声情并茂，唱歌也非常好，我怀疑嘴巴的肌肉有问题，可是妈妈说我是小时候跟邻居家哥哥学的口吃。现在我学英语非常苦恼，本来自己在心里默念得很好，一站起来念就遭大家笑，现在我越来越不敢说话了，怎么办？

一个苦恼的男孩　文文

文文：

你好好研究生活的“活”字，它是将舌头的“舌”放在水里面，就是说，人要想生活得如鱼得水、滋润自在，说好话是必须的。从古至今，从浩繁的卷帙到乡间的俚语，无不在证实这一点，何况我们今天不仅要说好自己的语言，而且要会说和说好外语，关于其重要性，你懂的。

但是每个人说话的本领统统是从牙牙学语开始的。在这个过程中，有些人得天独厚，一下子就学会好几种语言，好老师和好环境看来真是很重要。你可能是太好奇了，非要学习“带叠词”的表达系统，长大后仍然有惯性；我们的一位老师跟着他的父母很执拗地学会了一套地方版本，在当地他是巧舌如簧，可是当登上讲台却弄得无人呼应——学生就是不接受他的地方方言版“小语种”。语言看来有很强的时效性，你的叠词系统的遭遇也不过如此——可见你不必太在意别人的态度，试着转变恐惧紧张的心态，放松自己。有一位聪明的妈妈对她说话结巴的孩子说：你们别笑，我的宝宝只不过是想得比说得快，来不及整理好，出现了些无次序的乱码——连电脑都有时候出现乱码呢。要是谱上曲调，嗨，这样，你看我们唱得多整齐！原来，在2岁到4岁的孩子口吃属于正常，只要不在外界强制下引起精神压力，绝大部分4到5岁后正常。事实上，当孩子在学话时出现口吃现象，如果家长和周围的人不给予强制性的压力或提醒，大多数人都能顺利度过这个暂时阶段，流利地表达。恰恰是一些敏感的人，对周围人的反映和态度非常在意，心理上承受了很大的压力，长大后一直口吃了。因此，口吃是一种心理现象而非病理现象，算病的话也是心因性疾病。像你所说与嘴巴的结构及肌肉无关。有一些口吃与脑功能障碍，特别是语言神经末梢缺陷有关，比如患百日咳、麻疹、流感、猩红热后容易口吃。除此之外，聪明的孩子也容易这样，国外幽默地认为这是上帝让睿智者娴静少言。

要改变一种行为，往往涉及改变一个人的性格。因为正是许多细小的局部的行为，长期积累成为习惯，习惯固定定型成为一种心理机制，那就是性格了。你的性格是不是很火急的那种？西方的谚语说“就是给火急的嘴巴加上笼头”——那么从现在开始心平气和，轻言慢语。把注意力集中到你要表达的内容上，而不是他人的反应上。心里告诉自己，我默念的时候顺畅极了，我的语音可能抖动，但我的思维却最完美。特别是常常选择一些自己喜欢的倾注感情的文章来朗读，当你全身心投入进去，构成一个自足的世界，忘了周围的评价，没有了压力时，那个境界会使你沉静下来。渐渐地，你会感到自己的内心开始安宁，而不是狂躁，思维清澈而不是混乱，整个人会更加自信而轻盈。也许说话的节奏、频率变化了，就没有那样的现象了。

原来我们国家播音员的语速比现在要慢一些，每分钟大约 140 个字 ~160 个字。随着生活节奏加快，各种文体娱乐节目的上演，主持人的语速也越来越快了，据说，现在可达到 220 个字，甚至 300 个字。但是英国贵族据说仍保持他们一贯的少语、慢速、讲究逻辑的传统，而且家长在看到自己的孩子狂躁地翻卷舌头时，会说：慢一些，孩子，夜莺从来不用麻雀的调子唱歌。

让我们试着习惯用自己的频率，像夜莺那样贵族化地表达吧！同时也接受磨砺，做勇敢的自己。

我缩在角落里“胖”着

成成：

我的身高不到 1 米 6，体重 146 斤。我感觉自己太胖了，整天穿校服，让自己缩在角落里。我想减肥，妈妈说我是遗传了她的家族特色，没办法。她一直减肥，屡减屡败，最终觉得还是洒脱一些过得好，该吃吃，该睡睡。我很自卑，而且一些班花校花也总挖苦我。成成姐姐，你帮我想想办法。

小米

小米：

首先我觉得你并不是很胖，而且在你这个年龄，身体的可塑性是很强的，只要稍加注意就可以改变。首先不要烦恼，更没必要自卑。在青春期前后，女孩的体重会增加 18 公斤左右，这是正常现象。有那么一段时间身体的表现是丰满、充满弹性，如吹弹可破一般，珠圆玉润，这是很美的一个阶段。现在大概是减肥这个行业受商业利润的驱使，T 形台上“排骨女人”的走动，使减肥扬言要成为“一种生活态度”，所以弄得大家都紧张，连小小年纪的你们也恐慌了。当然你们也要了解自己身体的变化，科学合理安排饮食。比如在青春期后期，发育的速度变缓的时候，身体已经不需要原来那么多的能量，但由于心理惯性和饮食习惯已形成，仍惯性地持续，多摄入的能量就会积存下来，形成多余的脂肪。有人一旦发现自己攒了些“膘”，就马上下定决心抑制食欲，短期的过分节食之后，食欲膨胀，终于又陷入补偿性的进食，进而出现反弹，心情因减肥失败而沮丧，再次制订减肥计划，再次进入这样的恶性循环。如此下去，不仅肥胖出现了，而且与肥胖伴生的其他问题也会出现，如内分泌失调、皮肤问题、心理焦虑等。本来明媚的青春期，因为这个问题的反复纠缠，变得不那么快乐了。

首先，我们一起来看看自己到底是不是需要控制体重或减肥。中国人身高与体重的关联计算式是：身高（cm）−105= 体重（公斤）。最理想的围度尺寸是腰围 = 身高 ×0.37，腹围 = 身高 ×0.46，你计算自己是否严重超标？现在根据更科学的说法是肥胖程度应该由皮下脂肪的厚度和密度等衡量，推出了一个非常简单的判断方法：即用手捏一下自己腰部和腹部，如捏起来的皮肤厚度在 2cm 以上，就应该减掉其 2 倍——4cm，啊，这么一捏，成成姐姐才意识到自己一转身腰间已是波涛汹涌，由于久坐少动，所谓皮松肉懒。马上起身，脖子扭扭，胯骨扭扭……

像我这样有一个乐观的心态去对待那点多余脂肪也就够了，何必折腾自己那么麻烦呢？何必让自己非成为“排骨队”成员？尤其不能抱着一种惩罚自己的心态去节食。首先要爱护和接受自己，即使有些人不喜欢我们温暖的体态也没关系，第一，咱长这点肉，是吃自己家的粮食长的，跟他没多大关系；第二，咱占着的是自己的空间，没有因挤占他家的地儿使他形成位错、空格等结构缺陷，一句话，这是咱自己的事，别人不应过分干预，否则为越权，建议从友谊和正常交往的队列“罚下”。就是你们周围的班花校花也没有理由指指点点，否则她们就不那么可爱啦！

其次，注意形成良好的生活习惯。比如像欧洲所推崇的中产阶级的生活方式那样，一是少食多餐，少食指的是在总量上控制并分出适当的时间间隔，多餐不仅是一天分为正餐和点心等四五次，而且指在食品的品种和类别上多样化，从而达到营养的均衡，比如最好不要多吃洋快餐，多吃点物美价廉的玉米、麦片等粗粮，你会感觉饱饱的，还能瘦下来。二是要将“慢食主义”进行到底。在吃饭这一美好的过程中，要细嚼慢咽，让美食的色香味充分地刺激你的大脑皮层，使它发出满意的信号，使你得到停止的指令。然后就是要重视我国中医传统中养生的成熟经验，副食6主食4、粗粮6细粮4；早上要吃好，中午要吃饱，晚上要吃少，也就是有人讲的，早餐吃得像皇帝，午餐吃得像大臣，晚餐吃得像乞丐。但早上要吃好，否则会犯困，大约8分饱，午餐一定要吃饱些，晚上吃简单些，吃7分饱足矣！那么这几分饱是个什么状态呢？可以参照的感觉是：

所谓十成饱，就是一口都吃不进去了，再吃一口都是痛苦。

所谓九成饱，就是还能勉强吃进去几口，觉得胃里已经胀满。

所谓八成饱，就是胃里面感觉到满了，但是再吃几口也不痛苦。

所谓七成饱，就是胃里面还没有觉得满，但对食物的热情已经有所下降，主动进食速度也明显变慢。习惯性地还想多吃，但如果撤走食物，换个话题，很快就会忘记吃东西的事情。重要的是，第二餐之前不会提前饿。

所谓六成饱，就是撤走食物之后，胃里虽然不觉得饿，但会觉得不满足。到第二餐之前，会觉得饿得比较明显。

所谓五成饱，就是已经不觉得饿，胃里感觉比较平和了，但是对食物还有较高热情。如果这时候撤走食物，有没吃饱的感觉。没有到第二餐的时间，就已经饿了，很难撑到下一餐。

再低程度的食量，就不能叫作“饱”了，因为饥饿感还没有消除。

对于大多数从事非重体力的劳动者而言，七成饱，就是身体实际需要的食量。

如果在这个量停下进食，人既不会提前饥饿，也不容易肥胖。但是，大部分人找不到这个点，经常会把胃里感觉满的八成饱当成最低标准，甚至到了多吃一口就觉得胀的九成饱。这样，如果餐后没有足够的运动，必然就容易发胖。

如何知道吃到了几成饱，感觉出来细致的差异呢？

习惯于风卷残云般吃饭的人可能从来没有细致感受过自己的饱感。如果专心致志地吃，细嚼慢咽，从第一口开始，感受自己对食物的急迫感、对食物的热情，吃的时候速度的快慢，每吃下去一口之后的满足感，饥饿感的逐渐消退，胃里面逐渐充实的感觉，慢慢就能体会到这些不同饱感程度的区别。然后，找到七成饱的点，把它作为自己的日常食量，就能预防饮食过量。

对饱的感受，是人最基本的本能之一，天生具备。不过，这种饱感的差异，一定要在专心致志进食的时候才能感觉到。如果边吃边说笑，边吃边谈，边吃边上网看电视，就很难感受到饱感的变化，不知不觉地饮食过量。如果你已经“快快”惯了，一见红烧肉就有风卷残云的气魄和惯性，那么我建议你边吃边聊天，转移注意力，或者采取我朋友的一个绝招：换手！我的朋友原来是个“假小子”那样的速度型选手，能在别人吃掉一碗面的工夫多吃掉一“盆”面皮，字写得龙飞凤舞，不断有老师反过来找她“请教”。后来她从右手换到左手，从吃饭到写字，速度慢下来。几个月后，整个人的生活节奏发生了意想不到的变化，人变得温婉可亲，轻言慢语，办事周全，半年后身体渐渐苗条秀丽，虽然没吃什么胶囊之类的，却从内而外光彩照人。再就是充分享受汤的美味，北方人在饮食习惯上是味浓汤重，要像南方人那样先喝汤而弃肉，恐怕就想起那句老话：我们吃肉他们喝汤，哈哈！但其实呢，喝汤是吃好，比好吃重要。再就是改变食物结构，比如多吃粗粮，少吃动物性脂肪等。在身体消化出现阻滞的时候，用蔬菜和水果代替一两天的食物，更新肠胃内容，免除废物积存。

当你身体开始苗条的时候，请辅以乐观的行为巩固成效。比如从宽大的校服中把自己解放出来，穿牛仔裤 T 恤衫，别人会眼前一亮说：瘦了！那么就大大增强了你的计划执行进程和乐趣。成成姐姐曾经就是这样做的，比如，在豪华的春节大餐之后，到清明前后，给自己制定一个目标，体重达到 62 公斤，腰围 64 厘米，那就当自己回归到 18“公岁”（我的一位女友很幽默，她说有公斤、厘米，为什么就没有公岁？）就犒劳自己拍几张艺术照。记住：当这个尝试成功并让你快乐的时候，你就掌握了对付生活小小烦恼的秘诀，也品味了生活的乐趣。

带着天赋去修炼！

成成姐姐：

你来我们学校采访的时候，我见过你，注视你。当你和大家谈话开玩笑的时候，我在一旁悄悄地看着、听着，心里说不出有多激动、多羡慕你，你的工作正是我非常喜欢的，是我的理想。可是我确定不了自己的天赋是不是适合，这个工作的背后有些什么酸甜苦辣，能分享你工作的感受吗？希望得到你的指点。

乌兰

乌兰：

我记得你的，我在鄂尔多斯你们学校采访并且去海子湾实践基地的时候，你一直就在我身旁，话虽然不多，但是在采访当地村干部的时候，你的提问很在点子上。当天晚上篝火晚会是你唱了一首歌，对吧！海子湾是很难忘的经历，你们学校能组织那么大型的活动，让大家深入到大自然中去，深入到农村、牧区，做田野调查，这是一件很有意义、很了不起的事情。还记得我们一起在山脚下埋锅做饭被呛得“满面尘灰烟火色”吗？还记得我们一起寻找那条小溪流的源头，在沿途看到的美丽景色吗？尤其是我们尖叫着捉了好些小虫子，亲手制作了标本，还实地测定了山的高度、统计了植被的类型……多么有趣的田野学习！那天晚上好些小虫子还在标本盒里嗡嗡着，我们倒头就睡着了，据说我一直打着小呼噜——睡得多香哪！回忆起跟你们在一起的这些事情，我感到由衷的幸福，这也就是和你分享工作的第一感受。我由此非常佩服你们教育局的领导，现在许多学校都不搞户外活动了，因为一个孩子的娇贵，因为出危险意外的可能性和无法担得起的责任；因为一张考卷的无限重要性，但是你们鄂尔多斯一直坚持每学期一周的学习实践，行程、内容也越来越丰富，步行、骑车，放归宠物（热爱自然），前期分组、准备，包括旅途的备用工具、零件的流转等，均体现出个性与集体的互动与和谐。我敬佩的一位先生发出过这样的感慨：我国的教育是以教科书为整个世界，而美国的教育是以整个世界为教科书。你们学校在这一点上超越而卓越，你们会终身受益。而我跟踪了三次，逐次挖掘报道，就是要扩展这样做的好处，这也就是我这份工作的价值，我为此热情洋溢并乐见其效，乐在其中。

你肯定观察到，很多人把工作看成是负担，看成是养家糊口的营生而消极应付，而有的人为什么对工作满腔热情？这就取决于人的爱好和价值观。世界上成功的人生大概可以分为两类，一类是那些大人物的家国情怀，天下大事，成功了青史留名，但也险峻奇绝；另一类比较稳妥的就是寻找自己感兴趣的事情，积累才干做好自己喜欢的事情，就是带着天赋投入到工作中，那真是非常快乐和投入，想不努力都难啊！如果你热爱记者传媒这一行，就有意识地向这个方面努力，机会永远是属于有准备的人的。

那么怎么判断自己是不是一个有这方面天赋的人呢？也许生活经历中的点点滴滴会引导你。比如成成姐姐就是这样。一次在拥挤的火车上，站了近 6 个小时，都快绝望了。换脚的时候还踩了一下别人，沮丧地道歉叹了一口气。被踩了的人没有生气还说：太累了吧，到我的座上歇一歇，这趟车太挤了。我真的坐在了人家宝贵的座位上，并且听他讲起话来，那是一个记者——谈话风趣、敏锐，有见识、热情，并且积极做着力所能及的事情。从那时我对记者、新闻从业者有了好感，这就是一件事在你心目中的价值分量，你肯定它的价值，就开始关注各方面的事情，希望从中挖掘出美好的意义。我经过许多曲折，听从内心的声音，最终手握纸笔，伺候文字，回到这条路上来，果然我惊喜地发现了许多和我一样的心灵，这样的重逢和默契是多么令人激动！乌兰，你从我真实的经历中感到了吧，一个人选择什么样的职业，首先要有对于该职业价值的肯定，这样即使你遇到很多冷眼、很多不屑，你也不会动摇自己的信念，不会中断自己的努力。其次，物以类聚，人以群分，一些志同道合的人走在一起，才有凝聚力，才能形成一个进取的团队。

可是也并不是说你认定了这一行，就非得一条路线走下去，社会变化如此之快，你可以从事相关的工作，甚至看起来不相关的工作可能也为你的所爱奠定基础呢！比如，国内的重头媒体《南方周末》就总是在招聘资深财经记者，要求必须是财经专业出身，甚至在上市企业做过财务主管，因为要想眼光锐利，还得依靠专业这个工具，还有就是有表达特别是通过文字和图像表达的意愿。我的一个文友已经下海，早就是成功的商人了，但他在某年的年关总结时突然羞涩起来，对我说："我将来一定要写一部关于商战的小说，这是一个梦想。是不是幼稚？"我感觉到的倒是爱好的强大力量。台湾有位著名作家尤今就是成功商人，她的商战小说启蒙了大陆多少人的淘金梦想——能够建设社会和丰富生命的工作是美丽的。

说到底还不如歌德《少年维特的烦恼》中的一句话表达得更准确：你想走向无尽吗，那就请你在有限里面往各个方向走！

借此跟你聊的是关于职业生涯设计、关于价值衡量的自我感受。职业和事业、学业在当今均可以有无限的变化，但是均以自己的内在愿望为本，以对自己的优势或者天赋为前提，以环境为条件，请始终关注职业生涯设计的新知，请拜访如徐小平这样的业内高手的网页或个人空间，也要重视老师的火眼金睛，更要体恤父母、亲友的告诫和期盼，这些综合和总和，成就正确的选择和美好的人生。

校园欺凌——为什么会如此？

成成：

我的同桌女孩遭遇了这样一件事情。我们前桌是一个漂亮、外向的女生，她很张扬，姑且叫她扬扬。她在同学中很有号召力，特别是一些追她的男生对她言听计从。有一天，我的温文尔雅的同桌笑了那么一下，露出了正在做着矫正的牙齿，扬扬看见了就马上嘲笑她为"铁齿钢牙妹"，有男生就附和说人家嘴里有上下"两条铁轨"，一时间，下午的课外活动时间变成了我同桌的受难时间，看得出，她不知该怎么办，正好老师进来了，她眼泪汪汪的，就把这件事情跟老师讲了。老师当即批评扬扬和她的圈子，但是，当老师转身走后，我的同桌就更难过了——直到一个月后，扬扬他们仍然在采用各种办法报复：划定圈子不跟我同桌说话；扬扬让她的铁杆男友把腿挡在我同桌必经的桌边，阻止她走过，那个男生一边挑衅地看着我同桌，一边谄媚地向扬扬晃着脑袋。这实在很过分，但是我也不敢做什么，否则就被孤立了。

墨墨

墨墨同学：

首先为你在字里行间表达的观点和态度点赞。你显然是站在自己同桌一边的，虽然对于她的遭遇不能有更多作为，但想要站出来大喝一声，这就是正能量，虽然有时候表达出来也很曲折，但终归是推动力。

你所讲的正是校园欺凌现象。从古到今，在人群密集的地方就会有，中外学校也总在上演这样的一幕。心理学上将校园欺凌分为直接欺凌和间接欺凌，其中直接欺凌包括肢体欺凌和言语欺凌，间接欺凌则指通过散播谣言、利用人际关系、煽动他人恶意对待等方式，更普遍的是将受欺凌者排除在某个团体之外。就是如你讲述的这种情况。

随着网络的普及，以将欺凌视频或受欺凌人的行为公布在网络上为特征的网络欺凌也成为一种新的特点。因此，我们现在能够更多地看到原来比较隐秘的校园欺凌。

我上网查看统计数据，简直吓了一跳：

2015年5月11日，江苏省4名女生把一名17岁女生带至宾馆内，将其衣服扒光并进行殴打，并将现场照片上传至QQ空间。

2015年5月15日，山东省兰陵县的8名中学女生对兰陵县实验中学一位初一女生进行群殴，她们效仿网络中的打人视频，将打人过程拍摄下来并上传网络。

据统计，2014年至2015年，媒体曝光的校园欺凌、暴力事件共43起。其中，2015年3月以来就有26起，发生地从大型城市北京、上海，到欠发达的广西、云南，从东北辽宁，到南端省份海南。

西方的数据表明，85%的女孩和80%的男孩报告在学校受到过至少一次欺凌，10%~15% 的学生曾经欺凌过他人。日本一年中所报告的校园欺凌事件有 2 万多件。

那么，校园欺凌为什么会这样多发和暴戾？现在家家一个孩子，孩子并不缺乏父母的关爱，家长对别人家的孩子也有更多接纳和欣赏，而孩子自身也渴望与同龄人的交流和亲密关系啊！专家以为，除了青少年自身的成长特点，校园是外部社会的缩影，是成人世界的映射，更是教育环境的直接反映。尤其是互联网和自媒体的兴起，成人、外部世界的一切，已经完全映射到校园了。

因此，我们也观察到校园欺凌呈现出“帮派现象”。一些帮派仅由在校学生构成，他们出于对社会帮派的模仿，甚至还有成人势力介入等。另外你讲到的现象，尤其让我震惊的是，这个小小的女生，已经知晓和利用性别优势来操弄她周围的男性，间接施暴于你的同桌，这是很严重的行为。我要是你的同桌，就告诉父母这件事情，双方家长应该坐下谈谈，这个扬扬的人格发展让人担忧。

也许正是由于“一个孩子”的现实，在孩子们成长的过程中，没有同伴，没人教他们如何应对、处理与同龄人之间的冲突。

也许正是由于“一个孩子”的现实，家庭中专制、放任的教养方式最有可能造成一些人的不良行为，孩子独享所有的关爱，即使屡屡毒霸也得不到应有的纠正，久而久之，欺凌者习得了攻击和伤害行为，被欺凌者习得了逆来顺受的应对方式。

在欺凌者与受欺凌者之间，是旁观者，也是中国现实中尤其普遍的“沉默的大多数”。在不稳定的青春期心理中，旁观者对欺凌行为即使默不作声，也会助长欺凌者的行为，若叫好，更会导致欺凌者以胜利者、征服者心态自居，这也是现在许多影视剧教会的，久而久之，欺凌现象就会越来越多，甚至旁观者本身也“学会”转变成受欺凌者。因此，形成一个和谐的校园文化、正气良好的班风尤其重要。班主任不能碰见就管那么一下，转身置受欺凌者更不堪的境地，必须一有苗头就坚决打压，直至正气抬头，甚至采用体验式教育，让欺凌者也尝到被孤立、被排斥的滋味。

随着互联网的普及，万花筒般的世界早已变得赤裸裸，成人世界的种种早已不以校园围墙为界，这是教育的新难度；其次便是家庭和学校教育的功利之偏了：家长爱孩子，不愿孩子输在起跑线上，灌输的是“考高分上好大学”的理念，当孩子走进学校，只要埋头苦读取得高分就给学校贴了金，让老师受了益，便是“品学兼优”的好学生，而很少去关注团结友爱、善良待人及人格的培养。在忽视学生心理健康和道德培养的情况下，有些学生通过找身边的同学发泄、施暴，来改变内心的种种不平衡，从而树立自己所谓的“地位”，而大多数受害者往往采取逆来顺受、得过且过的态度，从而助长了施暴者的嚣张气焰。有些名校的名师偷偷地体罚学生，甚至打学生，迫于能够教出“高分”，打人似乎也具有了合理性，这也是尤其要警惕的。当然，没有惩戒的教育也是不完整的教育，但是惩戒与暴力是两回事。

校园欺凌根在心灵，责在家庭、学校和社会。青少年在心智上具有极强的可塑性，必须通过可操作的规则教育、行为教育等，加以言传身教，帮助他们培养底线意识，并形成健全的人格。专家建议要通过立法来加强对校园暴力行为的预防和惩罚，进一步明确家长、学校的安全教育、管理和防范责任。

怎样应对围墙外的世界？

成成：

很高兴告诉你我的同桌被欺凌的事情已经解决了。两家家长进行了交流，结果是扬扬的父亲首先惊愕自己女儿的行为，并质疑其心理。原来表面风光的扬扬来自单亲家庭，她的妈妈据说很多年前就跑了，她在母爱缺失中成为利用性别优势操纵控制别人的人……扬扬的痛点被触发，大哭几场，转学到爷爷奶奶附近的学校。但，我最近看了听了不少暴力事件，如因停车纠纷将幼童摔死，因上访不果在公交纵火，入室偷盗的小孩（那么年轻）直接就砍倒了室主……为什么今天的社会好像越来越暴力，不是说“仓廪实而知礼节”吗？我们怎样应对围墙外的世界？

墨墨

墨墨：

因戾气暴发在商场砍人，因停车纠纷将幼童摔死，因上访不果在公交纵火，接连的个人暴力事件，像有点传染效应一般，也许只是日常的偶然事件，但大众还是从弱势欺负弱势的凶狠和个体报复社会的恐怖中，感受到了世态人心的浮沉，观察到了社会矛盾的凸显。由于电视、报纸、网络的集中曝光，从而也引发民众对公共安全的担忧情绪，也牵动起舆论对社会文明的深沉拷问。“所有的暴力都是对文明进步的悖谬，所有的仇恨都是对包容和谐的颠覆。”我们也当追问和求解，是什么在催生人性之恶？如何从源头祛除社会戾气？

首先，让人警醒的是同样被伤害的心灵没有得到及时的慰藉和修复，转向加害别人。

尽管我们看到，心理学作为一门非常年轻的学科，直到19世纪70年代末，1879年冯特在德国莱比锡大学建立了第一个心理学实验室，心理学才从哲学中分离出来，但科学的心理学有着巨大的生命力。现在，我们看到各个学校基本都建有自己的心理咨询室，开展生动有趣的活动。但是，心理学也是一门综合学科，业界讲：心理学，哲学是母亲，生理学是父亲，生物学是媒人。因此要在错综复杂的成长中发挥作用，还依赖于家长、老师、同学、社会更周密的呵护。如你的同学扬扬，她的行为及其大哭的眼泪，让人看到她可能独自探索过很多，如思念自己的母亲，思考家庭成员对于母亲的评价，思考因为社会价值的变迁而破裂、重组的家庭，女性在社会中的力量，女性的价值等等。如果这个契机有人跟她深入地谈谈这些，那么就会纠正她的理解和行为走向。但实际是，她产生了转向加害别人，有点“我不好，也见不得别人好”的人性低端的心理。你看到了这些，就会知道“治愈”类漫画流行的原因，也会更加珍视心理的平衡和完善，主动学习和接纳心理学的科学应用，心理学也是最容易让人仰望到幸福的学科啊！

其次，我们感受到维护社会公平正义对于每个人的价值。

你们无论从课本还是父母的言谈中，都能感到我们身处一个改革的时代。30 年，如你所言，我们国家空前繁荣，长足发展。应该是“仓廪实而知礼节”，尤其我们又有那么悠久灿烂的文明，国学经典的字字珠玑，能够穿过岁月浸润人心；就是走访名山大川，光是读读那些楹联、碑刻，都让人荡气回肠，舍不得读出声音，怕打断了它们与山川、日月交相辉映的文脉相通。但是，同时，也要看到，文脉的延续和传承也不是一帆风顺的事情。改革既是一个破的过程，也是一个立的过程，这个过程对于一个泱泱大国，对于每一个人可能都是一个平衡再建的过程。

墨墨，课本上所讲的公平正义离我们并不遥远，公平正义既是一种理性原则和道义要求，也是一种现实的社会关系和日常的生活状态，值得我们去信仰、维护、学习、建构。

尤其，从系列极端事件的发展中，我们还体验了国民心性的演变和底线伦理的挑战。

青春一代的成长需要鲜亮多彩的世界和美好光明的向往，社会需要惩恶扬善的激励和理性文明的建设。可是，我们在有意无意之中张扬的又是什么、播种的又是什么？先听听家长对孩子为人处世的日常教育，不少是凡事既不能忍让，更不能吃亏的谆谆告诫；再翻翻书摊上成功学、励志学的经验秘诀，不乏狼性文化、厚黑之道的特别推崇；还有引发社会争议的黑暗童话热衷的经典颠覆，时兴恐怖、丑陋的人物形象，渲染阴暗、残酷的故事结局。

那么，受害的将是其中每一个人，正如海明威《丧钟为谁而鸣》所言那样。唯一可贵的行动是，重建社会的核心价值观，弘扬我们民族温柔敦厚的社会风气，重视强化惩恶扬善的非宗教信仰，落实依法治国，走向道德和文明的高地。

校园欺凌也是人性恶之端的投射，甚至有时还是集体投射，因此具有一定普遍性，当网络已经拆除了社会与校园的围墙，你们终将走入社会，那么正视人性和社会的另一面，也是必然的。也不必恐惧和悲观，“人天生自由，但是又无时不在枷锁之中”啊，让我们做乐观的现实主义者！

走在天空之城

——少男少女的自我保护

成成姐姐：

我在一本书上看到这样一段话：女学生放学，走出校门会发现有专门等候的社会男青年上前攀谈交朋友；小男孩上学途中会有小痞子缠住勒索钱物；营业性舞厅和电子游戏厅吞噬少年们宝贵时间；陌生人递过来的冰激凌，很可能就改变了好奇贪嘴的孩子行路方向；当姑娘因期中成绩不佳不敢回家，在街心绿地的石凳上发呆，一位“善于微笑”的人走来开导她，居心叵测的微笑扭转了姑娘生活的轨道；瘦弱的小男孩走在僻静的胡同，突然遭遇坏人的暴力，他有足够的镇静和智谋应付吗？如果同学间暗自传阅黄色光碟，如果同学相约到谁家欣赏一盘“特刺激”的视频，对于这类诱惑，少男少女能够自觉抵制吗？这些内容，生活中可能遇到，而课本上没有讲到。

我们几乎都是作为家里唯一的宝贝长大的，现在家长千万个不放心，过度保护，那么将来呢？等上了大学，飞出老巢，独自面对浩大莫测的世界，我们能行吗？

独孤求胜

独孤求胜：

每当看到骑着单车的少年在车流里左突右拐，看到勾肩搭背的少女们毫不理会身后的车辆时，我总是捏了一把汗的。“人山人海”是我们国家的基本面貌，“车流不息”是新常态，而不守规则也是我们文明程度的通常体现。少男少女在社会的轨道上如何走在安全的栏杆里，走到法律和常识的护佑中，是一个基础的问题。我们不是动漫中走在天空之城，要守规则，也要切实地保护自己。

主观方面，孩子们身体发育的提前与社会化的滞后（与独生子女的过度保护有关），形成了他们既好奇又幼稚这样一组危险的矛盾。有强烈的独立自主意识，却仍旧保留着依赖成人的习惯；有明显的成人感，还处在小孩的身份；有着闭锁的内心世界，渴望人们的理解；他们纵向人际关系渐渐松懈，力图摆脱成人束缚，横向人际关系渐渐密切，同龄人交往影响越来越大；他们好说好动，精力充沛，又因认识水平低，常常违反常规，做出错事蠢事；他们渴求友谊，又不会择友，常被哥们儿义气所左右……人们形容十三四岁的孩子是“十字路口的勇士”。这样一群力图摆脱成人束缚却又缺少必要社会经验的“勇士”，是极其容易在五光十色的社会环境中误入歧途的。对青春期的中学生来说，主动积极而又谨慎地交友，学习自尊、自爱、自理、自律和自护，这是不可回避的生活课题，也是教师、家长、社会工作者必须正视的教育课题。

客观方面，家庭的过度照顾、过度保护与孩子们的行为依赖、心理脆弱，是当前尚未解决的家庭教育误区。一根独苗的现实使家长对孩子的投入铺天盖地。幼儿阶段，家长们总是悬着心，生怕出现意外，要用筷子吗？太危险，会扎着喉咙；要去阳台吗？来，先拴根绳子在腰上；要玩棍子吗？那奶奶会吓昏的；要吃鱼吗？好，让爷爷先挑完刺。孩子到了青春期，想和同学去春游，行，就是不允许骑自行车；想自己做饭？好是好，用火不安全怎么办？想去夏令营吗？妈妈也要去，晚上给你盖被子；想参加青年志愿者行动？好，爸爸陪你，上街万一碰到坏人，老爸来抵挡。过度照顾过度保护的后果就是孩子的笨、懒、软、娇。行为的依赖养成笨和懒，而心理的脆弱形成软和娇。在家长两个“过度”的背后，是过高期望和过多干预，这些“滚烫的期望”和“含着泪水的粗暴干预”成为一种精神虐待，终于可能把孩子赶出家门。如此一代人，如何立足于未来竞争的社会？如何对待人生的挫折、坎坷？如何应付生活中偶发、意外？中国少年儿童工作委员会制订《中国少年儿童生存与发展行动计划》即《中国少年雏鹰行动计划》，要求当代少年儿童学会“五自”，其中就有“自护”。“自护”，要求初步了解一些法律常识，学会运用法律手段维护自己和同伴的正当权益，增强分辨是非的能力，敢于同不良行为及坏人坏事做斗争，了解基本的医疗卫生常识，知道一些在紧急情况下基本的处理方法和救护常识。

如你所言，女学生放学，走出校门会发现有专门等候的社会男青年上前攀谈交朋友；当姑娘因期中成绩不佳不敢回家，在街心绿地的石凳上发呆，一位“善于微笑”的人走来开导她，居心叵测的微笑扭转了姑娘生活的轨道……有几年被骗的尽是女大学生，甚至女博士，有人惊呼是念书念傻了，但是古今中外“念书聪明了”还是多数吧？为什么高学历的女性那么容易被骗？这是教育片面追求分数、缺失安全教育的缘故吧！小男孩上学途中会有小痞子缠住勒索钱物；瘦弱的小男孩走在僻静的胡同，突然遭遇坏人的暴力，他有足够的镇静和智谋应付吗？校园内外的欺凌近年来越演越烈，近期开始针对性的整治；营业性舞厅和电子游戏厅容纳少年，甚至接收其打工违反未成年人保护法，包括家长为孩子找到这样的出路都是不知法、犯法；很可能陌生人递过来的冰激凌，就改变了好奇贪嘴的孩子行路方向——近些年合成毒品的蔓延已经威胁到青少年……总之，家长和学校、社会有责任净化社会环境，强化校园周围的治安，而作为少男少女也要睁大眼睛，认识社会，分辨是非，善于保护自己。

具体而言，青春期自我保护教育的内容包括：

1. 敏锐的识别（全局观察和疑点的再观察）。

2. 清醒的判断（是非、真伪、表里、安危、合法非法的总判断，对事件性质的分析，对疑点细节的分析，对当时处境的分析，对事态发展的几种预测）。

3. 理性的自制（对意外钱物的警惕，对诱惑拒绝的勇气，对摆脱困境的信心，对威胁暴力抗拒的决心，对慌乱情绪和鲁莽行为的自我暗示，对自己体力和能力的客观估计）。

4. 强烈的自我保护意识（自尊、自爱、自律）。

5. 灵活的自卫方式（利用环境保护自己，借用他人保护自己，运用法律保护自己，孤军奋战时策略的选择，其他应变机智的手段）。

6. 受害受骗后的自我救护和自我心理疏导。

未来社会有激烈竞争，既需要敢闯敢冒险的勇气，也需要审时度势的清醒；既需要“百舸争流”单兵作战智慧，也需要各行业的集体合作；既需要对人信任，也需要对人警惕；对恶人恶事，手中应有矛；对险情隐患，手中要有盾。

脚下的路，心中的规

成成：

开学不久，我旁边的座位空了。我的同桌在一个周末全家出游，在路上发生了交通事故，她和她妈妈当场死亡。我们怀着沉痛的心情观看了道路交通安全的片子，请来交警讲了很多案例，每一个都是血色的，都可以归结于行路人心中对规范的疏忽。交警还给我们现场分析了校门前的交通实录，走过街天桥和横穿马路只差不到一分钟的时间，但是横穿马路危险是多么巨大！但是无论学生还是成人，每天随时随地还是可以看到那么多人的违规。我以身旁的空座请你向大家呼吁，一定要注意交通安全！人没了，就啥都没了！

路路

路路：

你谈到的交通安全实在太重要了。我想，除了这是现代人必备的安全常识、每个合格公民应该具备的素质外，在当今特别关键还有以下三点：

第一，我们国家是人口密度非常大的国度，因此人车抢路、交通拥挤非常严重，交通事故的概率全球最高。

第二，当下我们的国人在 30 多年“时间就是金钱、效率就是生命”的改革中，已经成为最匆忙的一群，规则意识又比较淡薄。

第三，近 10 年我们国家的汽车工业成为支柱。每天上路的新司机以百万增加，而考试规范、培训手段、驾驶经验等不可完全放心，更何况人的技术还依赖于精神状态，因此“马路杀手”等不可避免。

对应于这样的道路交通状况，你们的出行方式也变化了。你们基本是私家车接送，对吧？这样校门口成为最最拥堵的地方，严峻考验着每个家长的驾驶水平；而且，我发现你们当中无论骑车还是坐车，都喜欢将耳机塞进耳朵……音乐可以隔绝滚滚车流的噪声，但是也隔绝了紧急的喇叭警告。同学中还有一些骑电动车的，速度快，轻巧，特别危险……几乎每天都能看到触目惊心的一幕幕。汹涌的马路，需要一定之规，因为安全很重要，正像你所言，人没了，就什么都没了！

教育部统计，近年来97%的中小学生非正常死亡都发生在校园外。这些悲剧中，学生在上放学路上遭遇交通事故占了相当比例。另一个数字是，未成年人在交通事故中占同等级以上事故责任的，69%和电动车脱不了关系。根据《中华人民共和国道路交通安全法实施条例》，驾驶电动车必须年满16周岁。

有个做数据的公司叫零点指标数据，针对中小学生安全问题的调查，对北京、上海等七大城市的735名18周岁及以上公众进行调查，结果显示：近八成公众认为回家途中中小学生最容易发生安全问题，而交通安全问题则是公众的最大担忧。

对于交通安全，学校能够做到的，除了安全知识的普及宣传，就是周边治理，现在的校园周边标准化建设项目包括六项内容：

1. 校园出入口画黄色网状线。

2. 校园出入口附近画人行横道线，并完善停车线和“车让人”路面文字。

3. 校园周边道路设置注意儿童标志，并画“注意儿童”路面文字和图形标记。

4. 进入校园周边道路和离开校园周边道路处，设置区域限速标志（校园周边150米范围内限速30km/h）及解除限速标志，并附加内容为“学校区域”辅助标志。

5. 校园周边道路设置禁止长时间停车标志和限时长停车标志（校园周边100米内限时停车1分钟）。

6. 进入校园周边道路施划震荡标线。

那么家庭应该做到什么呢？可能更在于一言一行的习惯培养，比如，横穿马路一定走斑马线，等绿灯亮起，而不是家长带孩子跨越隔离栏；骑自行车要在非机动车道上靠右行驶，不逆行；转弯时要减速，不抢行猛拐，经过交叉路口要减速慢行，注意来往的行人、车辆，不要闯红灯；骑车时不要双手撒把，不多人并骑，不攀扶机动车辆，不载过重的东西，不骑车带人，不在骑车时戴耳机听广播。步行时在人行道上走，要避让机动车辆，不跑到马路上打闹追逐；注意电线杆、高压线、路牌等高空危险物，远离施工场所，遇到井盖、管道等要绕行；冬季不要在未冻结实的冰面上行走。乘坐公交车时不要挤在车门边，要抓住扶手站稳，不要把身体伸向窗外。不要在车内吃用竹签或其他金属物串联的食物，以防突然停车造成伤害。不要看书、向外抛撒物品、相互追逐打闹；乘坐出租汽车时要系好安全带，不要将手和头探出窗外，不要随意打开车门。

事故告诫我们：不在马路上追逐打闹，即使你遇见最好的闺蜜；在道路上行走，要走人行道；没有人行道的道路，要靠路边行走。不要突然横穿马路，特别是马路对面有熟人、朋友呼唤，或者自己要乘坐的公共汽车已经进站，千万不能贸然横穿马路，以免发生意外。

我们要规规矩矩走路，在心里种下一颗安全的种子，护佑自己。我们知道不走过街天桥是危险的，是对自己、别人的不负责任；一旦你被顷刻间撞飞，魂飞魄散的还有你的挚爱亲人，他们生无可恋，老无所依；所有的道路、桥梁都以钢筋水泥的坚强保护你的行程，你的心中一定要有规则。守规则是现代公民的基本素质。

面对天灾人祸，我们该如何自强不息？

——面对雾霾、白色污染和极端气候

成成：

我们面对的是一个污染严重的世界。土壤污染怎么可能短期内恢复？在污染的土地上种植的作物怎么会是天然的？我家自来水一段时间没有水，有水就是黄褐色的，还有异味。去年装了净水设备，管道那么曲折，我还是不太放心，但也没办法。最可怕的是雾霾，原本以为大北方会好一些，但是那几天，尤其是冬天，那次雾霾“吞吃”了楼台，感觉就是世界末日的景象了。还有白色污染，经年以来，城外郊区农村，这东西挂在树上、埋在土中，知道它不可降解、牛羊吃进肚子会憋死，哎呀！可还是这么广泛地用塑料袋呀！大概是由于人的这些不良行为，气候也变得不调了，极端天气越来越多。雾霾中，谁能“自强不吸”？天灾人祸中，谁能不反思？

没有反思和改变，何谈未来的美好？我们周围越来越多的同学患了鼻炎和皮肤过敏，有的戴起了国外进口的口罩，还有的买了“霾星人”那样的类似防毒面具一样的过滤器。对此，我们能够乐观吗？

霾中人

霾中人：

看着你的文字，特别是联想到吃进塑料袋的牛羊被憋死，我自己也感觉透不过气来。你说的问题，是一个多么严峻的事实！这是我们面临的最大的安全问题。我不由得听起了童安格的《梦开始的地方》。

……
但就在你我不经意之中，
最美好的已失落。
当浮云拒绝了阳光的问候，
还有多少温暖在你的心头？
当星星已不再出现在夜空，
你还有多少梦想多少希望？
……

所谓天灾，就是“自然灾害”，这是人类依赖的自然界中所发生的异常现象，自然灾害对人类社会所造成的危害往往是触目惊心的。这其中既有地震、火山爆发、泥石流、海啸、台风、洪水等突发性灾害；也有地面沉降、土地沙漠化、干旱、海岸线变化等在较长时间中才能逐渐显现的渐变性灾害；还有臭氧层变化、水体污染、水土流失、酸雨等人类活动导致的环境灾害。这些自然灾害和环境破坏之间又有着复杂的相互联系。自然灾害是人与自然矛盾的一种表现形式，具有自然和社会两重属性，是人类过去、现在、将来所面对的最严峻的挑战之一。

我国是一个自然灾害频繁而又严重的国家，每年都有一些地区遭受干旱、洪涝、滑坡、泥石流、台风、冰雹、霜冻、病虫鼠草等灾害的袭击，地震灾害也时有发生。

在众多自然灾害中，对我国构成威胁最大的七种灾害：地震灾害、干旱灾害、洪涝灾害、水土流失灾害、滑坡灾害、泥石流灾害、生物灾害。除了以上七种天灾人祸，还有近年来明显的就是白色污染和雾霾。

所谓“白色污染”，是人们对塑料垃圾污染环境的一种形象称谓。它是指用聚苯乙烯、聚丙烯、聚氯乙烯等高分子化合物制成的各类生活塑料制品使用后被弃置成为固体废物，由于随意乱丢乱扔、难于降解处理，以致造成环境严重污染的现象。白色污染存在两种危害：视觉污染和潜在危害。视觉污染指的是塑料袋、盒、杯、碗等散落在环境中，给人们的视觉带来不良刺激，影响环境的美感，如你看到的那样。白色污染的潜在危害则是多方面的。首先，一次性发泡塑料饭盒和塑料袋盛装食物严重影响我们的身体健康。当温度达到65℃时，一次性发泡塑料餐具中的有害物质将渗入到食物中，会对人的肝脏、肾脏及中枢神经系统等造成损害。我们现在用来装食物的超薄塑料袋一般是聚氯乙烯塑料。早在四十年前，人们就发现聚氯乙烯塑料中残留有氯乙烯单体。当人们接触氯乙烯后，就会出现手腕、手指浮肿、皮肤硬化等症状，还可能出现脾肿大、肝损伤等症。在我国，我们用的超薄塑料袋几乎都来自废塑料的再利用，一般是由小企业或家庭作坊生产的。

这些生产厂所用原料是废弃塑料桶、盆、一次性针筒等。生产时，首先用机械把原料粉碎成塑料粒子，再把塑料粒子放在一个水池里清洗（名曰消毒），取出来晒干，再用机械把它压成膜，制成各种塑料袋。每次吃饭时，就有不少人用塑料袋装饭菜，显然不知道这种行为不仅危害环境，也危害自己的身体。其次，使土壤环境恶化，严重影响农作物的生长。我国目前使用的塑料制品的降解时间，至少需要200年。再次，填埋作业仍是我国处理城市垃圾的一个主要方法。由于塑料膜密度小、体积大，它能很快填满场地，降低填埋场地处理垃圾的能力；而且，填埋后的场地由于地基松软，垃圾中的细菌、病毒等有害物质很容易渗入地下，污染地下水，危及周围环境。最后，若把废塑料直接进行焚烧处理，将给环境造成严重的二次污染。塑料焚烧时，不但产生大量黑烟，而且会产生二噁英——迄今为止毒性最大的一类物质。二噁英进入土壤中，至少需 15 个月才能逐渐分解，它会危害植物及农作物；二噁英对动物的肝脏及脑有严重的损害作用。焚烧垃圾排放出的二噁英对环境的污染，已经成为全世界关注的一个极敏感的问题。

另外，由于一次性塑料餐具难降解，现在许多城市都推广使用绿色餐具——纸制餐具，原理是纸制品的组成物纤维素能被微生物降解。但是，用纸制餐具代替发泡塑料餐具亦不明智。首先，纸制餐具同样也会带来视觉上的污染。它们的降解速度并不快，往往在几十天甚至几个月内也不会降解彻底。其次，制纸制餐具时，除用到草浆、稻浆外，还要加入 1/3 左右的木浆，若全面推广，势必造成大量木材的消耗，导致森林砍伐的加剧。而我国森林覆盖率仅为 13.92%，人均占有森林面积只相当于世界人均水平的 17.2%。再次，制纸浆历来是耗水大户、耗能大户及排污大户。造浆工艺需大量水，而我国属于水资源短缺的国家。若污水未经处理，直接排入河流中，会引起水污染；纸制餐具成型后需立即烘干，这就需要耗大量热能。而我国能源结构是以燃煤为主，这样就会增加空气中二氧化硫的含量，引起酸雨。那么怎么来防治白色污染呢？

我们应尽量减少一次性塑料餐具和纸制餐具的使用。任何一次性餐具不仅不利于环保，也是对资源的最大浪费。我们在日常生活中，不应过度依赖塑料袋。我们应拒绝使用塑料袋买菜或盛装食物，买菜可用菜篮子或布袋，减少对环境的污染。而盛装食物可以使用自备的不锈钢或塑胶饭盒，既卫生又环保，还不会对身体造成危害。回收废塑料并使之资源化是解决白色污染的根本途径。其实，塑料和其他材料比，有一个显著的优点：塑料可以很方便地反复回收使用。废塑料回收后，经过处理，既能重新成为制品，亦可制成汽油与柴油。近年来，在德、日、美等国家，由于重视对包装材料的回收处理，已经实现了塑料的生产、使用、回收、再利用的良性循环，从根本上消除了白色污染。而在我国，回收废塑料的工作已经起步。我们应配合政府有关部门，把废弃物分类，以便回收工作能顺利地进行。

另一个不容乐观的现实是雾霾。这是一个新概念，工业化迅速、依赖煤电、汽车保有量迅猛增长以及漠视环保，空气污染成为我国的一个严重问题，也是发达国家近百年来经历的同样大气污染问题的集中体现，其规模和复杂程度在国际上未有先例，也没有成熟的控制经验可以借鉴。而面对这一问题，我国也缺少支撑环境空气质量持续改善的综合技术方法和健全完善的科学管理技术体系。

北京大学环境科学与工程学院利用其科研监测站点的数据对雾霾天气PM2.5进行来源解析。煤燃烧、机动车尾气排放、生物质燃烧等各类源都对PM2.5的生成有“贡献”。中国工程院院士钟南山表示，以前的大气污染主要是降尘，而现在的灰霾，实际上是一氧化碳、氮氧化物等。假如灰霾中混杂着有害物质，就会对健康产生直接危害，包括对神经系统、心血管系统、呼吸系统、内分泌系统的破坏。也就是说，它是身体健康的“隐形杀手”。由于呼吸系统与外界环境接触最频繁，而且接触面积较大，数百种大气颗粒物能直接进入并黏附在人体上下呼吸道和肺叶中，并且大部分会被人体吸入。雾霾天气导致近地层紫外线减弱，容易使得空气中病菌的活性增强，细颗粒物会“带着”细菌、病毒，来到呼吸系统的深处，造成感染。雾霾天里，空气中污染物多，再加上气压低，容易诱发心血管疾病的急性发作。因为我们的皮肤有呼吸功能，在干净的空气里，皮肤会很舒适、滋润，但如果在一个很脏的环境里，皮肤也会跟着不舒服。冒痘、过敏、黑头会是常见现象。

从心理上说，雾霾天也会给人造成沉闷、压抑的感受，会刺激或者加剧心理抑郁的状态。

要依赖于人与环境的关系重建吧？正如开篇童安格所呼吁：

在你我忘了珍惜的时候
最美好的已远走
能不能把碧绿还给大地
能不能把蔚蓝也还给海洋
能不能把透明还给天空
在梦开始的地方，一切还给自然
在梦开始的地方，一切还给自然

面对无情水火

成成：

近年来，这天气真是反常。比如下雨动辄倾盆，或者夹带冰雹。周六我和爸爸从亲戚家返回就遭遇暴雨，在城市“赶海”，不敢走立交桥下，两个小时才到家。而我的一位草原上的表哥，到福建打工，热得中暑直接被送到了医院抢救，后来还是回到北方草原。即使在放暑假时学校与每位学生及家长签订了安全协定，告诫孩子不要野泳，但是每年均有悲剧发生，包括一些刚刚参加高考的高中同学，一放松就下水了，哪知就出了意外。我想，气候变化之剧烈需要人们掌握更多的安全、自救知识，同时，可能现在人们的生活越来越便利了，渐渐麻痹了，无力抗击突发的灾害。

除了水，还有火灾。学校请来了消防人员讲述防火、惨案之惨，当天晚上的烧烤，我一点儿吃不进去——烤肉的样子联想起一次次火灾中烧焦的躯体。我们太能用或滥用电器了，手机、电脑更是从来不离身，所以危险隐患也不少。安全是人生的基础，安全来源于意识和常识。请谈谈安全吧！

拓跋原

拓跋原：

带着你的问题，参观内蒙古盛乐博物馆时，突然想到你与拓跋珪的某种联系。鲜卑、北魏、盛乐、盛唐……仿佛一段征战的岁月呼啸而来。我们现在是在和平安宁的时代，幸运！但是同时，无情天灾随时可能降临，作为人类，虽然可以为高度的文明骄傲，然而在强大的自然中，不过是小小的一分子，首先就要有谦卑的心境，尊重自然、顺应自然，才不至于破坏环境，使气候异常、灾害频仍。我想这也是当前我国提出生态文明建设的伟大之处吧！特别是从我们的传统文化出发，中华民族是一个有着“天人合一”哲学智慧的民族，有着绿色生产生活的基因，在保护环境方面具有天然的响应。比如拓跋珪和他的王朝，就是逐水草而居的。

如你所言，面对突发的水灾、火灾，考验着我们必要的知识和能力。

首先要小心的，就是小家电。比如手机和电脑，以及一个个小小的插线板。身边小物件往往就有安全大隐患。

随着各种家用电器在我们生活中逐渐增多，插线板上插的插销也是越来越多，当插线板负荷过大时，安全隐患也就随之而来了。插线板引发火情，一般无外乎两个原因：一是使用不当；二是插线板本身存在质量问题。面对市场上种类繁多和各种品牌的插线板，想要直接辨别质量真有些困难。专家的指南是，看合理的价格，便宜没好货，不贪便宜，可以抑制假货哦。然后看质量："首先，看插线板面，优质的插线板选用的材质必定摸起来结实、够硬。其次，看电线。好的电线比较硬，因为里面的铜丝没有杂质，比较粗，所以揉起来一定不会是软软的。再次，看插头。优质的插线板，无论是内里的铜片还是插头，所使用的材质一定是厚度和光泽度俱佳的，并且做工上坚硬结实。特别要提醒大伙儿的是，根据最新的排插国标要求，一孔多用型的万用孔，因为孔径较大，容易插入异物，存在触电等安全隐患，已经被淘汰；取而代之的是专孔专用。最后，即便是质量过关的插线板，使用时也一定要注意它的最大额定电流，不要插过多的电器，以免负荷过大，引发危险。更重要的是，如果我们总是不拔下充电的手机或者其他电水壶之类的，那么久而久之就一定会有危险。同时，待机电能的消耗也是很可观的，而且有噪声、磁场等危害，从节能的角度讲，也一定要随时关掉电源或者拔开电器。这是常识，也是好的习惯。

及时关掉煤气、天然气的气源阀门也是好习惯。定期更换相连管道，以防止老化、硬化的管道引起火灾也是常识。最近几年，周围这样的恶性案例不少。突然间燃气泄漏爆炸，楼宇变废墟，连左邻右舍一起炸飞。因此天然气公司总是积极检查管道，排除隐患，大家要好好配合。不过，正像一些社区工作人员所说，一出家门，在小区的公共空间看到的隐患更多。比如，特别是部分老旧小区、城中村，消防设施一直“生病”。部分小区内根本就没有消防设施或者管理维护不善。特别是部分业主把楼梯间当作杂物间，堆放旧沙发、家具等杂物，那实在是多年的积弊，令人无语而叹息。多数小区通往楼顶天台的门常年处于锁闭状态，火灾时赖以逃生的疏散通道被人为堵塞。占用消防通道成了一件违法成本极低的事，但是消防通道是生命通道，堵住消防通道，无异于堵死求生之路。

你讲到看了消防的课，增加了安全意识。事实上，这种安全教育课还是有作用的，特别是有着自身体验的安全课，总是使人受益。

在日常生活中，交通事故、溺水、火灾、被拐骗等都是致命的杀手。统计数据显示，每年全国有 6 万多名青少年，因为意外事故而死亡，其中，溺水引发的死亡人数排在第一位。那么，除了提高心理防范意识外，家长、社会机构管理到位也是很关键的。戏水本自然，危机要防范。作为我们自身而言，不要在河边、湖边、江边、水库边、水沟边、池塘边玩耍追赶，不要私自钓鱼；在公园坐船、划船时不要跑动或在船边洗手洗脚，不要将身子探出去玩水；遇到雨天、雾天或有风浪的天气，尽量不要去水边玩耍；即使在正规场合，游泳前一定要做好热身运动，要考虑身体情况，太饿、太饱或疲劳时都不宜游泳；下水前先在四肢淋一些水（这也是一个常识和公德，应该先冲一冲的），让身体适应，不要立即下水。游泳前要清楚泳池的水深和水温，不要去超出自己身高的深水区游泳。比如有的区域特别是海边，水底可能是锅底状，几步游出去，深度增加很多，还要考虑深海处可能有的暗流、旋涡，对于一个缺乏经验的人来讲，这种地方就非常危险。也许，岸上的人刚刚还看见你露出笑脸，浪花开在你的身边，一转眼，你在暗流中被裹挟，谁都不知道，没料到，大海就吞噬了一个刚刚开花的生命。

遇到水中险情怎样排除？例如游泳时抽筋：不要惊慌，保持冷静，立即停止游泳，先吸一口气，仰面浮于水面，将抽筋部位进行舒展拉筋，待缓解后迅速回到岸边。水草缠身怎么办？先保持冷静，切不可乱划动手脚或踩水；用仰泳方式慢慢沿原路返回，或像脱袜子一样将水草从腿脚上捋下，无法摆脱时应及时呼救。

校园里近两年来都有安全教育课或者挂图，图文并茂。好好看看或者有时就是多看一眼，就成了关键时刻的那棵救命稻草……

今天的吃　明天的病

——兼谈食品药品安全

成成：

人是需要食物才能成长的，有句名言说：吃什么你就是什么——简要说明食物与体质的关系。但是我们今天的吃，是处于让人不放心甚至胆战心惊的状态。比如，我们热爱校园周边小卖部的辣条、流动商贩的烤串、炸鸡，油炸臭豆腐的味道总是直逼我们空虚的肠胃和寻找点什么刺激的小心思。

令我难过的是，我的同桌（女）本来成绩特别好，家境也好，可是初二那年她的父亲突然由于肝病住院，差点丢了性命，为此她的母亲陪在北京治疗，中考、高考最关键的四年，只好把她交给了亲戚照料。她非常担心患癌的父亲，流着泪痛说多年过量饮酒对父亲的伤害，最终高考成绩黯然。这是多么遗憾的事啊——因为酒，为了应酬……

今天的吃，明天的病，还有不健全的医疗社会保障、日益严重的环境污染，让我有不安全的感觉。请谈谈食品药品医疗的安全吧。

趴在科学松鼠会里的小胖子

趴在科学松鼠会里的小胖子：

首先，你真的是一个小胖子吗？那么“科学松鼠会”一定会助力你“管住嘴、迈开腿”，而且苹果手机或者华为的移动终端会为你的运动检测卡路里的消耗，然后数据还会上传云端，说起来好像复杂的样子——无处不终端、无处不计算。但事实上，落实到你的减重塑身就非常精准科学了——这是科学的魅力。科学松鼠会是我非常喜欢的一个社团，由科学作家姬十三等人创立，围拢着一群年轻的科学媒体人，他们通过自己的努力使科学传播并流行开来，而科普正是我们国家的短板，且是大多数创新的着力点。“科学松鼠会”的比喻也很有趣。松鼠会的创始者们认为，科学对于普通大众来说，就像味道鲜美却又不方便吃的坚果，而他们就是要像松鼠一样，把科学坚果外层的硬壳剥掉，把味美的果肉献给大众。这是一个严谨而又开放的团体，任何热爱传播科学、共享知识的人都可以加入，前提只是要求证明一下自己的能力。你是成员吧？你的提问很精准，而且思维严谨，其中“今天的吃，明天的病，还有不健全的医疗和社会保障，让我有不安全的感觉。”说得真好！顺便说一下啊，我也很喜欢果壳网，虽然始终不清楚和松鼠会有什么关联。但是，果壳网的名字和莎翁的名言是对应的：“即便我身处果壳之中，仍自以为是无限宇宙之王。”让人产生作为人的尊严和把握感，真是太好了，而我们要聊的，食品与药品安全，宗旨也在于把握。

校园周边小吃里最热门的就是“辣条”，也称为大面筋、素牛筋，即食方便，属于调味面制食品的一种，以小麦粉或其他谷物粉类为主要原料，添加食盐、食品添加剂、香辛料及其他辅料，经配料、挤压、蒸煮、成型、调味、包装等工艺制成。一袋袋看似不起眼的小食品热销大江南北，从大中城市到偏远乡村无处不在，甚至以高出国内市场10倍的价格远销海外。因此一度被称为“史上最牛零食”。但是，2015年曾多次被北京市食品药品监督管理局抽检很多品牌、批次被认定不合格，原因是糖精钠、山梨酸等食品添加剂超标。你要仔细翻看辣条食品的配料表，可看到单硬脂酸甘油酯、甜菊糖苷、焦糖色素、山梨酸钾等等添加剂。添加剂的种类少则有十来样，多则达二十多种。这几乎就是化学合成剂了——因此它麻辣、浓香的味觉背后隐患重重。据《生命时报》记者远赴辣条生产地之一的湖南，从乡村小店到县市批发市场，再到生产辣条的小作坊，一步步为我们揭开一条令人触目惊心的制作链条。这还是有包装、在固定场所销售的食品，再看校园周边的流动小吃，那更谈不上食品安全，然而……

“校园门口流动小吃摊生意火爆，麻辣烫、烧肉串、凉粉、炸鸡柳、烤冷面、凉面、臭豆腐悉数登场。上课前或放学后，这些小吃能让孩子们‘垫垫肚子’‘过过嘴瘾’。价格在1~5元，生意十分红火。

小吃摊上油烟四起，摊贩的围裙上污渍斑斑，他们接过钱，就拿食物给学生；有的随意在围裙上擦擦手，接着拿食物；油炸小吃摊上，用于炸食物的漏勺上早已结起黑黑的污垢；卖麻辣烫的摊贩抓粉丝和收钱用的都是同一只手；一阵大风过后，灰尘、垃圾袋到处飞……”

这是普遍的景象，也饱含着家长普遍的担心……我要指出的是，作为学区房的住户，我就曾经住在这些被小吃摊占领的院落，快到放学，油烟四起，随后叽叽喳喳吃东西的声音蔓延，关上窗户也没有用，不由得想到“蝗虫”这个侮辱性的评价。小院很快变成垃圾场，城管被请来，一哄而散，不久照旧。据说从业者只是交个罚款而已！在楼道间，在犄角旮旯儿，我们都发现过大桶的添加剂，那都表明不是给人类添加食用的！举报也无济于事。很多大学生也在这里请女朋友吃，数年后接受“处罚”的其实是这些吃东西的年轻人，谈恋爱吃这个，那不是毒害自己和对方的身体吗？我著名的医生朋友在检查过敏、甲状腺病、乳腺增生时，总会提问：吃麻辣烫吗？吃辣条吗？饮食上是否神经大条、特勇敢？她的结论是：在饮食上，自家锅灶、亲手烹调，保守一点好！

令人“惊异”的还有，据食品药品监督管理局的工作人员说，学校门口这些无证经营的流动摊贩是不合法的，但目前还没有相关的管理条例出台，即使知道存在食品卫生问题也没办法监管，他们只能监管学校周边的一些小商店，有关学校周边流动摊贩的管理条例有关部门正在制定，因此我们只好自己小心啊！我查了查，2016 年 5 月，国务院办公厅才印发《2016 年食品安全重点工作安排》，要求“开展学校食堂和校园周边食品安全专项整治”。食品药品监管人员还说“尽管《食品安全法》在内容上比较严格，关键还是要加强执行。当然，还要考虑中国的现实情况，第一，人口多，第二，小摊贩大量存在，消费者在提高食品安全方面可以有期待，但彻底改善还需要一定的时间。”面对管理滞后于市场，专家的意见是，在强化监管的同时，要提高我们自身的食品安全意识和自我保护意识。专家还说：“日本在这方面做得不错，有些中小学设有专门的食品课，孩子可以学到更多有关食品安全的知识。”综上所述，就是说我们必须自律，不吃这些没有质量保障的食品。成成请大家记住，我们手中的钞票就是选票，你买，就是为这样的饮食存在制造条件，就会引发这样不规范的市场存在，而且还危及别人的环境。你不买，就是为自己的健康和环境治理投了正能量的票！请选择健康、规范、安全！拒绝马路摊贩，拒绝劣质食品！给自己的身体纯净、科学的供给，这样才会拥有健康、拥有未来！

再说你同桌的遭遇，这是源于家长的饮食习惯或者说工作性质导致疾病的一个例证。家长的健康，关乎孩子的未来，也提醒我们所有家庭注意。有关专家指出，我国大量饮酒人群从20世纪90年代起日益增多，按照过度饮酒，发展至酒精性肝硬化、酒精性肝病的演变周期为30年左右计算，我国现在酒精性肝病已经处于大规模发病初期，急需对该病进行流行病学、诊治标准等一系列基础研究。

与肝有关的疾病由于传染性曾经使人们谈肝色变。据美国国立卫生院酒精滥用与成瘾研究所调查显示，在死于肝硬化的患者中，约有半数与酒精相关。我国近年来由于乙肝疫苗广泛使用、输血管理逐渐加强，乙肝、丙肝的感染率逐年下降，与此相比，酒精性肝病的发病率呈逐年上升趋势。因此你同桌的故事可以说是一个代表，30年，到了买单的时候，也到了反思和改善的时候了。

可喜的是，我国青少年乙肝患者人数逐年递减。由于我国从2002年开始将乙肝疫苗纳入免疫规划，十几年来主动为2亿儿童接种乙肝疫苗，接种率达到95%以上，及时接种率90%以上，因此青少年乙肝患者呈逐年递减的趋势。然而，我们仍然不可掉以轻心，许多乙肝病毒携带者或者自己就不知情，由于我们喜欢一起热热闹闹地吃饭，不太愿意分餐，因此，专家表示，养成良好的卫生习惯，把住“病从口入”关。对于青少年易发的甲肝，专家强调饭前便后要洗手，不喝生水，不吃或少吃生冷食物，食用水果、生菜等果蔬类食品时一定要清洗干净，吃剩的食物要储存在冰箱中，并且再次食用前应充分加热，对一些自身易携带致病菌的食物如螺蛳、贝壳、螃蟹，尤其是能富集甲肝病毒的毛蚶等海、水产品，食用时一定要煮熟蒸透，杜绝生吃、半生吃以及腌制后直接食用等不良饮食习惯。

以上说的是食品安全，接下来就是药品以及医疗安全了。据媒体报道，对比中国官方媒体的报道和英国的已知数据，发现中国人均抗生素消费量是英国人平均水平的10倍左右。“久病成医”是我国经验主义的名言，中国科协曾对全国27个省（区、市）城乡居民调查发现，87%的受访者曾有过自我药疗的经历，69%看不懂药品说明书，36%在自我药疗时出现过失误，其中26%表示因此耽误了治疗。

汹涌的市场总会催生唯利是图的风险，退回到安全的常识之栏，退回到家庭的锅灶炉火边，自我把握，多一份安宁。如果你的家里有一张干净的餐桌，桌上有新鲜的蔬菜、烹饪安全的美食，一家人相亲相爱地面对，你离“被城管追着跑”的摊贩远一些，离开大药方、大手笔的医生也远一点，那就是离安全、健康近很多。多好！

远离毒品，让生命之树长青

成成：

有时候我从书本间抬起头，看看远远近近的人生，不胜唏嘘。

妈妈的同事一家子曾经突然就富了，逐渐就有些张狂的样子。后来，男的领了个模特一般比他高一头的年轻女子，离了婚，把旧房子给了老婆（他叫着黄脸婆的）。后来那模特女子卷了他的钱就失踪了，据说他后来不是变谨慎，而是更加放纵。之后他的儿子和他一起因为吸食毒品被抓，特别是他儿子还涉嫌买卖毒品，可惜了那么一个圆圆乎乎的男孩样的青年，不过二十几岁，据说现在瘦得皮包骨，一双眼睛深陷着，待在戒毒所，我妈妈叹息：“活着也是受罪，毁了！”看来有钱也是一件需要把握的事情，对于有的人轻易得来的钱不能好好利用，害人害己。

我们此地人爱说一个词叫麻烦，不是外地人说的复杂或者客气话，而是一种排遣不掉的内心低落焦躁的情绪吧？有不少人，特别是年轻人，这么叹息一句，有时候就跑到迪厅或者歌厅比较复杂的场所。我们学生有时也去的，我在那里见识过跳摇头舞的狂热，那里的人穿得少，流汗多，饮料卖得好。但是那里的饮品不敢轻易喝，因为新型合成毒品太多了，这是学校的禁毒知识讲座里说的，这样的社交涉毒上瘾不少。吸毒人员的比例仍然在上升，是毒品泛滥了，还是人们脆弱了，精神无所依赖？看到社区挂上无毒社区的牌子，我就瞎想了这么多。也许，这也是一个值得思考并设定警戒的问题吧？

头脑中的橡皮擦

头脑中的橡皮擦：

你的思考很有意义，关于毒品，就是“一个值得思考并设定警戒的问题”。

就在不久前，成成接触了一位戒毒所的政委，她应邀到教育部门培训教师，讲毒品及禁毒的课程，她讲得那么生动，有的案例让人胆战心惊，毒品离我们不远，甚至可以说，过量的烟酒就是离人们生活最近的毒品，而这类东西，总是在默默地随时随地捕获那些意志薄弱的人，甚至只是因一时“麻烦”而寻求解脱的心灵，轻易就滑向了邪恶的轨道。

毒品成为全世界范围的普遍问题，我想这大概是与人类高度发展的科技相伴随的另一面吧。据联合国禁毒署统计，全世界每年毒品交易额达 5000 亿美元以上，吸食各种毒品的人数高达 2 亿多；而每年因吸食毒品而死亡的人数高达 10 万人，因此而丧失劳动能力的每年约 1000 万人。我国吸毒人数已达到 1400 万人，低龄化逐年升高。这些吸毒者是社会的一个特殊群体，他们既是违法者，也是受害者。从医学的角度看是病人，从社会和家庭的角度看是危险分子。当你看到自己的家园是无毒社区，值得高兴；有的社区是要监管涉毒者的，更需要社会共识和正面的关爱。毒品作为腐蚀社会的毒瘤，无时无刻不危及人类的健康。它对普通人来说从来不是一个遥不可及的话题，它隐藏于黑暗，随时准备腐蚀那些意志不坚定的人。拒绝毒品，需要每个人的努力，清除毒品，也是每个文明人肩上的责任。

一个更严峻的问题是，有些青少年受好奇心驱使，或受到朋友和毒贩引诱，吸食毒品寻求刺激——青少年成为吸毒的高危人群。从年龄来分，以青少年为主；从职业来分，吸食新型毒品的人逐步由过去以社会无业青年为主向商人、公司白领、演艺界人士、大学生和国家公务员等其他社会阶层扩散。随着新型毒品的泛滥，青少年已经日益成为最容易受这类毒品侵害的高危人群之一。由于年轻人精力充沛、追求新奇、寻找刺激，非常易受到这类新型毒品的诱惑。歌舞厅、迪厅等娱乐场所是青少年群体乐于消费的地方，同时也是新型毒品泛滥的场所。许多青少年都是出于好奇或在不知不觉的情况下接触毒品的，毒贩们也常采用各种招数诱惑孩子们吸毒。因此我们需要动员社会的各种资源、采用科学的方式去解决。调查表明，青少年吸食新型毒品的诱因主要是无知和轻信，80% 以上不知道新型毒品的危害。其次是贪慕虚荣、赶时髦：错误的人生观导致一些年轻人误将吸毒视为时髦、气派，是高档消费和富有的象征，甚至一个“酷”字的想象就毁了花季少年。还有意志薄弱者借助吸毒逃避现实，寻求解脱，其结局却是登上“死亡快车”。更普遍的诱因是交友不慎，有从众心理，因此要远离那些“痞里痞气”的酷哥或者“阴阳怪气”的妹子。还要注意不要因为一时的赌气或逆反心理：“你说毒品可怕，我就不怕；你说毒品难戒，我就吸一个给你看！”正是这种逆反心理，促使一些年轻人跳进了火坑——所谓“吸毒一口，掉入虎口”。

除了鸦片、海洛因（俗称白粉）、吗啡等常见的传统毒品，合成毒品毒性更大。所谓“合成毒品”，是相对鸦片、海洛因这一类传统麻醉毒品而言的。鸦片、海洛因主要取材于天然植物，合成毒品是以化学合成为主的一类精神药品，它直接作用于人的中枢神经系统，有的有兴奋作用、致幻作用，也有的有中枢抑制作用。因为是近二十年才在我国出现、滥用，并多发生在娱乐场所，所以又被称为“新型毒品”和“俱乐部毒品”。

更早关于毒品的危险似乎还是从人性的堕落开始的，比如你讲到的暴富者对于家庭的摧毁，那是从他的人生观、婚姻观的沦陷开始的，在“情感游戏”的陷落中成为毒品的俘获者，也毁了自己的儿子。最近几年听到不少艺人吸毒的例子，他们是不是太空虚了，圈子有点乱？距离艺术家的差距太大？值得警惕的是，如果把吸毒看作一件时髦的事情，那么更要及时拨乱反正，有效扼制。

那么青少年“自卫防毒”术是怎样的呢？首先，慎重进入治安复杂的场所；要有警觉戒备意识，对诱惑提高警惕，采取坚决拒绝的态度，不轻信谎言。如不轻易和陌生人搭讪，不接受陌生人提供的香烟和饮料，出入娱乐场所，尽量少喝里面提供的饮料，不随便离开座位，离开座位时最好有人看守饮料、食物等。不要盲目追求时尚。不要滥用药品（减肥药、兴奋药、镇静药等）。即使遇到无法排解的事情，要设法寻找正确的途径解决，寻求亲人、朋友的帮助，不能沉溺其中自暴自弃，更不能借毒解愁。要时刻警醒：“敲开了毒品的门，挖好了自己的坟。”

橡皮擦同学，关于毒品，就是“一个值得思考并设定警戒的问题”。你很敏锐，感谢你提供这样一个有意义的话题。

羞答答的玫瑰静悄悄地开

——同龄人情感故事

当看到一对与自己年龄相仿的少男少女牵手从你眼前走过，你怎么想？在中学生中调查的结果是：90% 羡慕，7% 无动于衷，2% 认为这样不对。

那么你认为这是什么关系？朋友、恋人？同学们不假思索地回答：早恋！

这样好吗？几乎异口同声：不好！接下去有人列出其危害：荒废学业，家长反对，“遭遇”老师谈话，同学取笑，堕落成坏孩子，街上小混混……

答案一点都不出乎意料，我望着一张张仰起的纯净的脸庞，追问：那么大家对异性有好感吗？朝夕相处之中点点接触是否打破过平静的心湖，泛起情感的涟漪？对感情这只抓不住的野鸽子，有没有束手无策？

静悄悄的，有一两声轻轻的叹息。“有故事的人可以对我讲一讲，悄悄地，好吗？”

我等待着花季里的诉说，也翻阅着有关资料：

在一个“男女授受不亲”古老文化里长大的孩子，在面临青春期思慕时，有多少疑惑和自责？

在电影电视满屏男欢女爱，歌星影星不惜以绯闻换取关注，网络空间也被窃窃私语的爱语充满，追求时尚的他们有没有欲望消费一把“我喜欢”的情感大餐？

在“421 的金字塔”亲情中，也在“只生一个好”的孤单里，怎样与异性相处，怎样把握一个“度”？

假如压抑，假如张扬，围拢上来的关心是怎样一种方式？学校家庭能善待这极易汹涌的感情吗？能恰当扶持成长的心灵吗？

心理学认为，人在青少年时期与异性的感情分为三个阶段：疏远期（小学高年级——初一），爱慕期（13、14岁——18、19岁），恋爱期（20岁以后）。

苏霍姆林斯基说：爱的感情是衡量道德的最灵敏、最精确的天平。

歌德说：青年男子哪个不善钟情，妙龄少女哪个不善怀春？这是人性中的至神至圣。

德育的根本就是对生命的尊重，对生命成长自然规律的顺应，对人的正常需求的善待，学校德育首先让学生感受到教育对其个体生命尊重后的快乐，让民主与平等的观念深入人心。

我在听故事的时候渐渐地释放了许多疑问，也收获了些许欣慰。

“我们来往不多，淡淡的，恪守顺其自然……”

“莫名我就喜欢你，深深地爱上你，没有理由，没有原因……”皓儿轻轻哼起这首老歌，大约是为了让我回忆起自己的青春岁月。事实上面对皓儿姣好的面容、优美的举止，尤其是清澈的大眼睛里流露出淡淡的忧郁，我的思绪就沉浸在花季雨季的馨香中了。

“我无论如何也不能摆脱幻想，听着歌，看着电视，背着《爱情故事》的对白，幻想在一个春日的下午，和一个高高的男孩骑辆单车到郊外踏青，风鼓起洁白的裙裾，天高云淡，话题如长诗短歌……我在意的是被赞美与抚慰的情怀。

“每天从教室里被释放出来（请原谅我这么说，我压抑着哀伤的心态），仿佛走在目光铺就的校园小径上。在这个年龄，疯长着幻想，滋生着敏感。偶尔会听到一两声口哨，我不喜欢，爱和喜欢都是美好的感情，应该是高尚的代名词，我的书本中也会出现令人不安的小纸条，大多折成纸鹤挂在床前了。有“苦追”的男孩，就让老爸去解决，老爸特哥们儿地跟他们谈，他们根本就不是对手。渐渐地，身边“平凡”的女友也有了玫瑰的故事，好像就我独挂枝头清高着。这时，我遇见了辉，在一次校园选手竞赛上，他的英语、摄影均获了奖，他宽宽的额头有着明净的光辉。

“终于在开满丁香花的小路相遇，席慕蓉的诗句萦绕在心底，一切应约而来。牛仔裤，白T恤，黑色的大背包，他轻盈地向我跑来，路上有风，天上有云。一切在我们眼里年轻着，所有的日子快乐着。我坐在夹道的柳荫下，手里是一只酡红的大苹果，辉在相机后忙乎，‘为什么不用自动挡？’‘那是给傻瓜准备的。’辉拿出专业水准的长枪短炮，咔嚓，咔嚓，定格着我的青春。

“我把头发散开，辉在春天的原野上拾了好多小黄花，一枝枝插在头发间，这样我的头发就成了春天的风景。

“我们来往不多，淡淡的，恪守顺其自然……这些相片，多美呀，我给爸爸妈妈看了，他们也夸辉的技术好，他们对我们交往的评价是：只要你能把握，只要你们相信自己。

“一个宽松的环境，更加考验着我们的能力。把握，是一个有挑战性的命题。

“我知道爱实在太珍贵，不能轻举妄动。

“那只鸟多傻！飞高点，飞远点，你以为这儿就是你那一亩三分地儿？”

物理课上我已习惯睡眠，说女孩子十有八九学不通物理，这可真叫人自卑。

“轻轻地，李老师走了，去了南方，跌跌撞撞，我侯某人来了，来到4班，哈哈！”

新来的侯老师个子不高，稳稳重重笑口常开，物理举例老拿生活“开涮”，把牙签叫“撬棍”，把吃雪糕描绘成一个“水生火热”的过程，进实验室，有灯光与声音次第展开在我们每个学生面前，“不复杂，就是把这些东西装起来，来。先认认这个，电容，我的妹妹哦，阿容，有容乃大。

他，电阻，你看他打扮的这身行头——这个带圈圈的，色环电阻，看颜色排列就能知道多大欧姆。继电器，延时的，懒惰的家伙。来，插进去，接好了——”“亮了，亮了！”大家一起喊，物理就这样与我们亲近起来。

随着“可爱的电子”“类似的宏观与微观”这样一些有趣的活动，我渐渐开始盼望物理课了。我的父母都是舞文弄墨的，说起来，上下五千年滔滔不绝，但连最简单的保险丝都不会接，像他们这样的人我戏称为“无行为能力”，我崇拜“实业救国”，于是我追着侯老师，在力与电与磁的空间快乐地左右手旋转，用法则的娴熟应用了悟数理之美，解析万物之变。能文能武的侯老师，让我从羡慕到倾慕，追着他的思维，追着他的身影。

女孩的心啊……

不知从哪天起，喜欢驻足在镜子前久久不愿离开；不知从哪天开始，捧着言情小说久久不能释怀，把一个身影叠加了万千想象。

我好像，好像把自己的心抓在手里，一直在等远方的那个贵族，那个洒脱的人不受庸常生活的拖累，有趣而自然。他是。他不高，但精神伟岸；他不显赫，但有尊严。在一个专业化的空间里游刃有余，独立自我，自成世界。我，我管不住自己的心了。一次次往老师的备课室跑，跟着老师跑电子商店。

老师意识到我成了小尾巴，脱离群众，仅仅追随他的目光，还有那种羞涩……一低头的无奈和温柔。有一次，指着天空一只麻雀说：“你看，那只鸟多傻！飞高点，飞远点，你以为这儿就是你那一亩三分地儿？”回头又对我说：“我和女友有个约会，这些东西你拼装好了，就当送给我们的纪念品吧！”之后扔下我这只呆鸟，那是一个理科老师留给我的理性世界，望着老师越走越远的背影，唉！我知道，我感激，那背影为我拽出一片高高远远的天来。

“一句伤人的话就足以，这本是用纸条糊起来的情感。”

我不愿谈感情的事儿，中国人把它谈滥了，就有了婚外恋，二奶、小三、傍大款，跟钱、权搅在一块儿，泥沙俱下，最后受伤的是孩子。我就是。当爸爸妈妈离婚后各自走向新家时，我倔强地走进姥姥旧旧的小房子。

班里有人传纸条，甚至写打情骂俏的话，开玩笑“老公”“老婆”地叫，疯傻傻的，只不过是浅薄的模仿，借此冲淡日复一日学习的苦寒。我学会了坚强，从不会像其他女生那样大惊小怪、撒娇抱怨。安静得很。

爱是缠绵悱恻的伤感，是生命中最美丽的执着，情是使人生死相许的激动，是人世间无可逃脱的欲求。我要等待最纯最真的……

有一次，有个男生阴阳怪气地说我的脸蛋可以掐出水来，惹得大家哄堂大笑，我心里很难受，眼泪不听话地落下来。

有个纸条传过来，上写：掐出水——一份吹弹可破的娇嫩，愿你纯洁的心，也拥有刀枪不入的坚韧。别哭了，看老师，两鬓苍苍十指黑，讲得多辛苦哪！

署名：大个儿。

下晚自习回家，要经过一段漆黑的路，虽早不相信妖魔鬼怪，但总觉得魅影重重、危机四伏，想到家中只有风烛残年的姥姥，心中就酸酸的。姥姥若走了，家的灯就寂灭了，只剩一份黑暗。

有几天，感觉有人在远远跟着我，后来当我走进没灯的小巷，他就吹起口哨来，每次都是同一支曲子：啊，朋友再见！啊，朋友再见！回到院子，借着灯光回望，一个高高的瘦瘦的身影。我心顿时温暖，回报一个笑容。虽然夜色中无人知晓。

从此感受到一份默默的关心，多了一份温暖的依靠，在心情不好的时候多愁善感起来。

之后有一些礼物送过来，越来越重，我感觉该做个解释。

然而，话到嘴边，却成了：我不要谈感情，我要远走高飞，我不……就哭起来。

他慌得手忙脚乱，从此却护卫得更加周全，仿佛有了一个明确的约定。我有时却感觉如围墙般被禁锢，只有逃脱的渴望。

一句伤人的话就足以，这本是用纸条糊起来的情感。

一堆礼品稀里哗啦粉身碎骨。

第二天，他没来上课，此后，他杳无音信。

对不起，对不起，我并不愿有人这么早受到伤害。

“我被她温柔的气质吸引了，但并不泛滥成早恋，只是一些好感，它很纯，我会谨慎对待保护它。”

这是一个阴盛阳衰的年代，台湾的作家说大陆的女人都像售货员（十几年前的），凶巴巴的。哪有点儿女人的温柔？我们家也是这“时尚”的缩影，一米九个头的爸爸英姿飒爽，在妈妈日积月累的“呵护”中，渐渐“乖”起来，温吞吞的。我们班的女同学一个个也很辣，不仅学习，就连说起足球也唾沫星子乱飞，绝不让男生半步，据说有人还练跆拳道，妈呀！她们也时常娇滴滴地喊两句，纯粹为了引人注目，尤其她们身穿时装，表现出“紧身年华”的格调，男生们就尤该谨慎才是。但不幸的是却纷纷落马，这不是意外，却很容易导致意外。谁说她们将来不是母老虎？女人是老虎，说得不错。

“老虎”的模样往往挺可爱，尤其你和她们合作干点事，你会体会到她们的细致，有着母性的光辉。那次做机加工（我们学校高中班的骄傲，我们的基础金工课），我的手伤了，鲜血直流，她默默地用自己的手绢给我包好，很安静，最后仿佛问“疼吗？”那样轻轻的眼神，让我难忘了半个月，回到家去，捧着“维纳斯的诞生”看了半天，那眼神怎么那么像？

从此有些异样的东西藏在心底，两人间仿佛有一点点默契。不经意间抬头看她，惊见她一低头的娇羞，一低头的温柔，有温馨的感觉弥漫心头，在枯燥的升学考试中，这些慰藉很珍贵。

然而，很快有同学“发现”了这个“秘密”。如此毫末细察，你说他们是天生当警察的料还是“察己知人”，总之这让我们很尴尬，不自然起来，要把这微妙的感情归于“早恋”我一百个不同意，但老师还是找我俩谈话了。

但我们老师是挺让我佩服的那类，他先让我自己整理一下思绪，理清楚了，再找他。我想了很久，总结道：我被她温柔的气质吸引了，但并没有泛滥成早恋，只是一些好感，它很纯，我会谨慎对待保护它。我希望同学们能尊重别人的隐私，不要妄加评论……

老师说：著名教育家魏书生搞了一个“地下工程”指明，要去掉“三闲”：闲话、闲事、闲思。我说：我会要求自己努力做到这些，也希望别人不要窥探我，在我背后嘈嘈切切……

我们俩不在的时候，老师开了个小班会，从此我们又自在地、快乐地生活在这个班级。

假如过十年后，回忆起今天的这些事，做何感想？我和爸爸说了这件事，他沉思良久，说：老魏（魏书生）那句话，在成人世界中，无论做同事，还是一家子共事，都是一种有尊严的尺度，都是多些安宁、少些麻烦的良策！

老爸看来深有体会，这个关系问题，唉，就是麻烦！

“长大以后才知道，该来的一定会来，在它隐隐约约的时候，就保持那份朦胧就好。”

长大以后才明白，要来的它就会来……

可小时候的特点就是求知心切，尤其是感情的事儿。到底怎么回事，让人断肠，让人惆怅，让人魂不守舍，朦朦胧胧飘动着的，带着青春的香味。

我本来是一个学习还不错的男生，很有希望考上211、985之类的大学。但我又是很执拗的那种性格，总和人较真。高一，一下子喜欢上了一个女孩，她爱搭不理的，那高傲劲儿，稍微挫伤了哥们儿的自尊，这下，激发了死追烂缠的热情。公开追女孩，父亲为此揍了我，老人家那时已没我个高了，气得蹦起来揍，最后还把我交给了老师。老师看我上课下课给她扔小条使眼色，早想收拾我了，狠狠骂了我一顿，连不要脸都骂了，但我就是越骂越硬，最后，完全成了叛逆的典型。

就这样开始了背叛学习、背叛老师的角色，也成了坏学生。头发留得长长的，混日子。她却一反常态，主动跟我好起来。这下，她也成了坏学生，和我掉进了没有希望的行列。她的这种转变，我认为完全是……义气或者同情。

心情矛盾，感到对她牺牲了自己的前途陪伴我的义举，很难担当。未来在哪里？怎么办？后来我们潇洒的样子、另类的样子完全是给人看的。

后来我们只好上了高职，很边缘化，家长痛心。但是因为失去了上大学的机会，反而懂得机会的珍贵了。高职里混的人很多，我们是目标明确，一心学习。选了我们最喜欢的计算机专业，孜孜以求，三年级刚开学，我就开始给外面一些公司做页面了，她的防火墙也做得特棒，职业化的路走定了。也不错，我们上大学的同学过来时，基本都是我俩请客，咱走了弯路，但不能总落后，我的同学说起我们的事，说我俩是风云人物，说我们爱情事业早丰收。其实到现在，我对她的心事还没底，她那么有定力的人，将来怎么样，谁知道？

但是对于将来的事，如今早有了一份等待的耐心和顺其自然的平和，长大以后才知道，该来的一定会来，在它隐隐约约的时候，就保持那份朦胧就好。

后记

祝福青春　祝福成长

两鬓飞霜浑不见，一梦还是少年人！这是孙志毅老师的QQ签名，也是我在岁月之中的每每惊觉。

回顾来路苍苍的步履，难忘的是十年前在田振山、孙志毅两位先生的指导下，全身心扑在教育期刊上，为教育发声、在校园奔走的那些岁月。那些年，从来不下加班令的杂志社总有人在周六周日来到教育厅大院，忙活在半边走廊的"寒社"，或读书作文或辩论抬杠，翻飞的是笔墨纸张，张扬的是思想创意——总归是充实的。那是一段文人气息很浓的时光。我亦是在师友夹持下，走到了自己最契合的轨道上安身立命，完成我自己！

在这段时光中，我奉命拆阅《少年时空》大小读者们的封封来信，面对他们青春的困惑，边学边写，积累了几十篇发自心底的"知心姐姐文字"，由于涉及的内容重头为情感困惑及"发育疑惑"，在当时，这个栏目叫"性情聊天室"，之后几年，有长大的读者们屡屡说起当年拿到杂志（当时仅在内蒙古地区的发行量有15万之多）偷偷先看《性情聊天室》的一幕。我被感动了！这也是我作为少儿期刊编辑、母亲、教育工作者，感同身受，倾注身心，同孩子们一起跋涉青春之河的难忘岁月！结集出版，亦是感恩和纪念这段岁月。

《性情聊天室》的开栏语是：

成长的风中自有风中的困惑，开花的季节自有花开的烦恼。

花季，青涩年华，春梦之季，心中的困惑有谁知，身体的躁动有谁感？

现实告诉我们，在信息高速公路上，性，这个多年来连成年人都慎谈的词，仍在引起学校、家长、社会的高度关注。国际著名的杜蕾斯全球性调查显示，在中国，年轻人主要的性知识来自母亲的只有3%，父亲更少，只有1%。中学生的性知识70%~80%来自网络、电视、书刊，甚至有11.2%的男生和3%的女生从黄色书刊和光盘中获得性信息。

著名学者费孝通在《生育制度》一书中写道：性是最激动人心的，性也能使人不顾一切。家长和教师意识到，当“遮掩”再也抵挡不住信息化社会的进攻节奏时，肩负教育重任的父母、老师应该坦然地面对青春话题，关注生理和心理的成长，包括关于爱情、性别意识、性心理、安全常识等等方面的知、意、行，还要照应时代的巨变，比如互联网的普及等。如果性教育远远落后于性成熟，性发育的环境复杂化，那么孩子们就需要更多的性与情的知识、方法。特别是爱的哲学、情的梳理、意的和谐。

希腊德尔斐神庙有句名言：认识你自己！青春期的关键正在于此！

我企望从少男少女给我们的信件、邮件和诉说中打捞出的迷惑和苦恼，用关爱的目光、私语的亲切，娓娓道来，以爱照耀和温暖青葱的心事。

一脉相承，《青春私语》的宗旨是：倡导健康的自由，把握合理的控制，寻找心灵的航线，享受明媚的青春。

这本集子的文章大部分来源于当年的栏目，针对时事又做了必要的修改，作为我对于读者、青春期朋友们爱的奉献。这是我正心诚意做过的一件事，如今把这些文字聚集，以此祝福每个孩子的青春和成长！并仰望和留恋这世间绵绵不绝的青春和其永远动人的力量！

成成

于2017年6月

参考文献

[1] 埃·弗洛姆 . 爱的艺术 [M]. 刘福堂，译 . 合肥：安徽文艺出版社，1986.

[2] 今道友信 . 关于爱 [M]. 徐培，王洪波，译 . 北京：生活·读书·新知三联书店，1987.

[3] 韩梦泽 . 老大，再见 [M]. 天津：百花文艺出版社，2015.

[4] 刘海平 . 藏在书包里的青春——中国青少年性教育生动读本 [M]. 海口：南海出版公司，2008.

[5] 马克斯 . 弗里德里希 . 所有父母都应该知道 [M]. 付颖，译 . 上海：上海社会科学院出版社，2002.

[6] 刘畅 . 挂在枝头的青苹果——中学生要知道的 88 个成长秘密 [M]. 北京：中国纺织出版社，2006.

[7] 王东华 . 发现母亲 [M]. 北京：人民出版社，2010.

[8] 于晓丹 . 内衣课 [M]. 北京：中信出版集团，2015.